국제경영과 다문화 기업

冨田大義 저 / 박동렬 역

탑북스

머리말

본서의 목적

오늘날은 미디어를 통해 각 국가 또는 지역의 뉴스를 쉽게 접할 수 있다. 또한 해외 여행이나 유학, 해외 경험 증가, 해외 사업 기회의 증가, 인간(노동)과 자금(자본) 흐름의 증가가 두드러지고 있다. 특히 인터넷의 보급은 정보의 양과 폭을 넓혀 해외 비즈니스 기회를 늘리고, 어디에서나 질 좋은 물건을 저렴하고 쉽게 구할 수 있게 되었다. 이 흐름에 따라, 국제 경제 활동은 세계를 하나의 시장으로 보고, 비즈니스의 무대가 세계 시장을 겨냥하게 되었다. 세계화는 국가와 인종의 벽을 넘어 상호 공유감을 더해가고 있다.

한편 국가나 지역에 따라 각기 다른 문화는 과거와 현재의 인간 사회의 삶을 집약한 감정 표현이므로, 문화를 배경으로 한 다양성을 어떻게 평가해야 하는가가 큰 과제이다. 글로벌 비즈니스의 성공에는 자사 문화와 다른 문화와의 차이와 다양성을 이해 활용함으로 인해 발생하는 시너지 효과를 빼놓을 수 없다. 그것은 세계화가 세계의 획일화를 의미하는 것이 아니라, 다문화 기업과 원활한 사귐이 중요하다는 것을 의미한다.

여기에 이문화 지역과 개인적인 교제나 기업간의 거래 방법, 나아가 비즈니스의 성공을 추구하며 세계화 시대에 적합한 비즈니스 전략 수립과 성공적인 해외 비즈니스 전략에 일조해보자는 것이 본서 목적이다. 오늘날의 기업은 서브 프라임 문제와 금융 위기 등 격변하는 세계 경제의 흐름이 도화선이 되어, 세계적인 경제 위기에 따른 사업 전망이 엄청나게 불투명한 시대에 처해 있다. 특히 해외 비즈니스를 위한 기업의 적절한 방침이나 전략을 수립할 경우, 본서를 통해 오늘날의 외국 기업환경을 고려한 경영전략 수립에 조금이나마 도움이 되기를 바란다.

본서의 구성

본서는 총 5장으로 구성되어 있다. 앞편에 국제경제 및 국제경영의 개요, 뒷편에 다른 기업 문화와 접하는 방법을 들고 있다. 다음 각 장별로 구성을 간단하게 소개한다.

제1장에서는 국제경제의 기본 이론 및 흐름을 다룬다. 특히 국제경제의 흐름 속에서 제2차 세계 대전 후의 국제 경제 동향, 무역의 자유화, WTO 체제 등을 주로 다루고 있다.

제2장에서는 국제경영의 기본이 되는 무역 이론 및 다국적 기업의 역할, 자본과 노동의 국제 이동, 기업의 해외 전략의 중요성을 서술하고 있다.

제3장에서는 문화에 대한 이해를 도모하여 "자신은 무엇인가"라는 정체성을 재고하면서, 가치관의 차이와 문화 충돌, 자민족 중심주의의 극복, 다른 문화와의 공존 방법을 모색하고 있다.

제4장에서는 기업 문화의 정의, 좋은 기업 문화 형성의 중요성, 서로 다른 기업 문화와의 접하는 방법 및 적절한 문화 경영 방법에 대해서 서술하고 있다.

제5장에서는 제3장과 제4장에서 다룬 다른 문화와 기업 문화의 이해를 바탕으로 아시아와 유럽, 기타 다른 기업 문화의 특징을 다루고 있다.

본서가 발행되기까지, 많은 신세를 진 여러 교수님들에게 이 지면을 빌려 감사의 마음을 드리고 싶다. 특히 본서의 출판이 되도록 지도 편달 해 주신 이이지마 교수님, 귀중한 의견을 주신 이와키 교수님, 사카이 교수님, 그리고 투시카와 씨에게 진심으로 감사 드린다. 그리고 본서의 발간에 수고와 협력을 마다하지 않으신 중부일본교육 문화위원회의 여러분들에게도 감사의 뜻을 전해고 싶다.

마지막으로, 본서의 구성이나 내용에는 "국제 경제, 국제 경영, 기업 문화"라는 주제를 포괄적으로 다루었기 때문에 전체적인 흐름에서 부자연스러운 면이 적지 않다고 본다. 독자 여러분에게 글로벌 비즈니스에 관한 이해와 실행에 조금이라도 도움이 되길 기원하는 한편, 본서의 구성이나 내용에 산재되어 있는 많은 문제점들을 개선하기 위하여 아낌없는 지도와 편달을 바란다.

2013년 4월

冨田 大義

역자의 글

나는 왜 이 책을 번역했는가?

“다르다”와 “틀리다”의 개념을 혼동하는 우를 범하는 경우를 피하여야 합니다. 상대와 생각 내지 문화는 다르지만, 내가 옳고 상대가 틀린 것은 아닙니다.

“싫다”와 “나쁘다”의 개념도 확실히 하여야 합니다. 가난은 싫지만 가난이 나쁜 것은 아닙니다.

“좋다”와 “옳다”는 더욱 신경을 써야 합니다. 판정 결과가 나에게 좋다 하더라도 부정한 판정은 옳지 못합니다.

인류의 역사는 문화적 관점, 정치적 관점 등 보는 관점에 따라 달리 인식됩니다.

세계사를, 아니 한국의 역사를 국제화의 관점에서 볼 때, 외래 문화에 대한 인식, 전래과정, 수용능력에 따라 시대의 발전의 정도를 달리했다고 봅니다.

1970년대 신흥공업국(NIC’s)의 등장은 서구 학자들로 하여금 아시아 특히 한자문화권에 대하여 기존 연구와 다른 각도로 분석하는 계기가 되었습니다. 그 중에서도 한국은 서구 문화의 유입과 적응이 뛰어난 민족으로 결론 짓게 되었고, 이조 500년을 제외하면 삼국시대와 통일신라 그리고 고려시대부터 외세와의 끈질긴 교류(상거래, 전쟁 포함)를 통하여 변화 발전 과정을 밟아왔다고 분석되고 있습니다.

이러한 논리로 볼 때, 향후 가속화되는 글로발리제이션 상황에 대하여 입체적인 준비가 필요하다고 여겨지며, 무엇보다도 우리가 이제까지 접하지 못하였던, 또는 접하였으나 무지와 편견에 사로 잡혀 있는 이문화에 대한 내면적 접근이 필요하다고 봅니다. 이는 FTA를 통하여 한국의 경제영토가 넓어가는 작금에 이르러, 특히 기업 경영에 필수적이라고 생각합니다.

이러한 필요성을 깊이 인식하는 가운데, 본인과 장기간 서로 배우고 가르치며 지내온 同學 冨田大義 교수의 저서 『國際經營と異文化企業』은 간결하면서도 종합적이기에, 혼자의 탐독으로 끝나지 않고 학생과 기업 경영인은 물론 일반인에게 교양도서로써, 또는 전문 서적으로써 함께 지적 성장을 향유하고자 본서를 번역하게 되었습니다.

본서의 원명은 "국제경영과 이문화 기업"이나, 다문화시대가 계속 확대되고 있는 한국 정서에 맞추고자 "국제경영과 다문화 기업"으로 원저자의 동의하에 변경하였습니다. 주지하는 바와 같이 본서는 일반 교양서적으로도 유용하지만 특히 대학 내지 교육기관의 교재로 쓰일 경우 각 장 말미의 Review & Discussion Questions을 이용하여 깊이 있는 학습효과가 기대되리라 사료됩니다.

번역과정에서 용어 해설, 의미상의 전달이 다소 미흡한 경우가 많았음을 미리 언급하며, 이는 번역자의 과실일 뿐 冨田大義 교수의 진정이 아님을 주지하기 바랍니다.

NIC's 이후 BRICS, G-20, 제3세계의 재인식 등 향후 전개되는 글로발리제이션에 대비한 지식 함양에 본 번역서가 작은 밀알이 된다면

이는 번역자로써 본인의 무한의 보람이며, 저자에게는 더 큰 영광이 되리라 믿어 의심치 않습니다.

2016년 5월 1일

번역자 박 동 렬

차 례

제1장 국제경제의 형성

제3장 이(異)문화와의 만남

제4장 기업문화와 다문화 경영

제5장 외국 기업문화와의 만남

도표 차례

제1장 국제경제의 형성

제 1 장
국제경제의 형성

국제경제란, 국경을 초월하여 2개국 이상의 국가간에 이행되는 경제활동을 의미한다. 국제경제는 국가간의 국민경제를 연결하여 세계경제를 형성한다. 한편 국제경제학은 많은 국가간의 모든 경제거래에 관해서 연구하는 학문이다. 본 장에서는 국제무역과 국제생산요소 이동 등을 중심으로 서술하고 있다.

1. 국제경제의 흐름

1) 국제경제학의 영역

국제경제학은 최근의 국제화와 글로벌화 속에서 점점 중요한 위치를 차지하고 있다. 국제경제학이 고유 학문영역으로 다루어지는 이유는 국가간의 상품과 생산요소의 이동이 자유롭지 않고, 통화와 경제제도가 국가에 따르기 때문이다. 여기에서는 다음과 같은 국제경제의 영역으로서 설명하기로 한다.

(1) 무역

무역에서는 수출과 수입의 발생 및 이익구조, 보호무역과 자유무역의 배경, 국제분업(수평 분업, 수직 분업)의 구조를 주로 다루고 있다.

(2) 국제자본 이동(국제 투자)

국제투자는 장기투자와 단기투자로 나누어서 생각할 수 있다. 전자는 다국적기업의 해외 직접투자(주로 해외 현지 공장설립) 또는 간접투자(주로 증권투자)의 것이다. 후자는 금리, 환율 등의 상황에 따른 자본의 이동이나 투자를 일컫는 경우가 많다.

(3) 국제노동 이동

경제활동에 빼놓을 수 없는 노동이 해외가 국내보다 유리한 노동조건과 투자환경으로 인해 국경을 넘어서 이동하여 관련국에 미치는 영향은 적지 않다.

(4) 지역통합

지역통합은 일정한 주변국들이 공동이익을 도모하기 위하여, 경제공동체를 형성하는 것이다. 지역통합의 초기단계에서는 관세동맹을 통해 공동시장을 추구하는 경향이 많다.

(5) 국제금융

국제금융에서는 국가간의 자본유통을 명확하게 설명하기 위한 것으로, 국제통화, 국제수지, 외환시장 등을 주로 다루고 있다. 즉 무역, 해외투자, 돈의 대차(貸借)에 따른 금융자산의 이동이 국경을 넘어 어떻게 이루어지고 있는지를 배우는 것이다.

(6) 남북문제

남북문제는 경제적으로 풍요롭지 않는 국가와 그렇지 않은 국가, 전 세계의 빈곤문제와 빈부격차를 초래한 요인과 개선방법을 모색하는 것이다.

2) 국제경제의 연혁

경제활동이 본격적으로 국제화되기 시작한 것은 영국에서 산업혁명이 가져온 근대 자본주의가 형성된 때부터이다. 국제경제의 초기활동은 영국을 중심으로 이루어졌다(팍스 브리타니카: Pax Britannica 도표 I-1 참조). 이러한 영국 주도의 국제경제의 흐름은 제1차 세계대전이 발발되기까지 계속되었다. 그 세계 대전의 사이(1918년 11월 독일이 항복한 제1차 세계대전의 종전부터 1939년 9월 폴란드를 침공한 제2차 세계대전의 발발까지의 기간)에서 국제경제의 흐름이 미국 중심이 되었다(팍스 아메리카나: Pax Americana). 그리고 1970년대부터는 미국의 경제력이 상대적으로 약화되고 있었기 때문에, 국제경제의 주도국은 EC와 일본이 참가하여, 이른바, 다극화 시대를 맞이하게 되었다. 또한 오늘날에는 BRICs의 부상으로 더욱 다극화가 진행되고 있다.

도표 Ⅰ-1 국제경제의 흐름

산업혁명 후의 세계경제의 흐름

산업혁명 · 근대자본주의 형성, 영국이 세계의 공장

< 팍스 브리타니카 시대 >

1914~1918年 제1차 세계대전

< 팍스 아메리카나 시대 >

1929年	대공항, 국제경제 붕괴
1936年	Keynes의 일반이론(공황이론)
1939~1945年	제2차 세계대전
1944年	브레튼 우즈 체제(IMF, IBRD)발족
1958年	EEC 결성, 아시아, 아프리카 제국 독립 동서대립(냉전구조 형성)
1964年	UNCTAD, NIEO
1971年	닉슨 쇼크, 스미소니언 협정

< 다극화 시대 >

1973年	제1차 유류 파동
1979年	제2차 유류 파동
1970年代	전반기 : 아시아신흥공업국(NICs 태동) 후반기 : 중국의 개혁 개방
1982~83年	아프리카 기근, 기후변화문제 국제이슈화
1985年9月	달러 강세 시정 플라자 협의, 엔화 강세로
1990年	동서 독일 통일
1991年	소련을 비롯한 공산권 붕괴 및 개방 남북한 동시 UN가입
1992年	EC시장 통합
1993年	EU발족,
1995年1月	WTO 발족
1997年	아시아발 금융위기
2000年	미국경제 호황, 일본경제 장기불황
2008年	미국발 금융위기, G20수뇌회담 개최
21세기	BRICs 태동, G-20, G-2 등장(중국의 부상) 미국의 양적완화, 일본의 아베노믹스

자료 : 저자 작성

3) 경제활동의 국제화와 글로벌화

(1) 국제화와 글로벌화의 차이점

국제화(Internationalization)와 글로벌화(Globalization)라는 말은 종종 애매모호하게 사용되는 경향이 있다. 국제화라는 것은 상품, 자본, 노동, IT(기술 정보) 등의 자원이 국가 간의 고유성을 인정하면서, 각국과의 교류와 이동을 진행하는 것이다. 한편 글로벌화라는 것은 국가 간의 장벽을 뛰어 넘어 자유롭게 이동이 가능하게 되어, 세계가 거대한 단일시장이 되어 가는 것을 말한다.

이러한 차이는 일본 민족 의상인 기모노 제작 업체의 생산방법을 비유하면 알기 쉽다. 기모노 생산기반이 일본 스타일의 의상으로서 국제적으로 통용할 수 있도록 디자인한 것이라면, 그것은 기모노 제품의 국제화라고 할 수 있다. 그러나 그 옷이 일본 특유의 전통의상이 아니라 서양 스타일의 이미지에 조절하여 많은 국가의 사람들에게 익숙하게 하여 외국사람들도 입기 쉬운 옷차림이라면 이것은 기모노 제품의 글로벌화라고 할 수 있다.

따라서 국제화와 글로벌화의 차이점은 국가 간의 차이의 인정 여부이다. 따라서 국제화는 문화면에서의 불일치(Conflicts), 국가나 지역과의 불일치를 인정하면서 경제면에서의 무역과 투자를 진행하게 된다. 글로벌화는 국가 간의 차이를 무시하고 일률적인 규격이나 가치관 하에서 교류하게 된다.

그러나 글로벌화는 미국과 같은 강한 국가 중심의 일률적인 가치관에 근거한 하나의 세계(One World)를 목표로 하는 것은 결코 아니다. 상대적으로 약한 국가 제품은 강한 국가의 제품에 대해 규제와 자국산업 보호를 필요로 하는 경우도 있기 때문에 관련국의 상황을 고려한 정책이 바람직하다. 글로벌화를 추진함에 있어서는 국가 간 격차, 민족과 종교 간의 갈등을 어떻게 해소할 것인가가 큰 과제이다. 글로벌화는 무역과 자본의 자유화를 통해 세계경제의 발전에 기여하고 있다고는 해도, 소득분배의 불균형, 국제금융 불안, 환경오염 등의 부정적인 영향도 적지 않다.

(2) 경제활동의 글로벌화와 3대 경제 지표

자유경제와 글로벌화가 진행됨에 따라 돈(여기에서는 각국의 화폐가치를 의미한다)은 실물경제와 동떨어져 더 유리한 투자처를 물색하게 된다. 투자대상은 화폐의 시세나 흐름을 나타내는 금리, 주가, 환율의 세 가지 주요 경제지표가 투자기준이 된다. 이 지표는 다른 지표가 움직일 때마다 다른 지표도 일정한 규칙성을 유지하면서 변화한다. 그러나 이 규칙성은 일반적인 원칙에 불과하다. 실제로는 경제 현상의 수 많은 변수에 의해 영향을 받으면서 연동한다.

(3) 3대 지표의 상관관계

여기에서는 3가지 주요 지표(금리, 주가, 환율)을 제외한 다른 경제변수는 고정되어 있다는 전제하에서 지표들의 상관관계에 대해서 서술한다.

(a) 금리와 주가와의 관계

채권의 이자율이 내려가면 기업은 이전보다 적은 금융비용으로 자금조달이 가능하게 된다. 금리부담이 적어 질수록 기업은 이익을 가져갈 가능성이 높아지기 때문에 기업가치와 주가가 상승한다. 한편 금리가 오르면 수익률은 떨어진다. 금리가 높거나 앞으로 오를 가능성이 있으면 투자자는 부동산이나 주식에 자본을 돌리지 않고 이자율이 높은 금융회사의 예금상품에 눈을 돌린다. 따라서 금리와 주가의 움직임은 상반된다.

(b) 금리와 환율의 관계

일반적으로 금리와 환율의 움직임에는 반비례 관계가 성립한다. 국내 자본시장에서 금리가 외국보다 높아지면 외국자본은 높은 이자를 찾아서 국내의 유입량이 증가하고 환율은 하락(엔화가치 상승)한다. 금리가 내려 가면 외국자본은 높은 수익을 얻을 수 있는 외국으로 이동하여 외국자본의 유출 증가를 초래한다. 따라서 환율은 상승(엔가치 하락)하게 된다.

환율 상승은 외국에서 들어오는 소재 및 부품의 수입가격을 높게 하여, 이로 인한 물가 상승으로 금리도 오르게 된다. 환율 하락은 수입물가를 낮추기 때문에 금리를 낮추는 효과가 있다. 그렇지만 금리가 내려간다고 해서 환율이 반드시 오르는 것은 아니다. 예를 들면 금리가 내려가면 은행예금 등의 자금이 주식시장으로 유입되는 경향이 있어서 외국인 투자자의 돈이 주식시장으로 모여 외환시장에서 엔의 수요가 늘어난다. 그렇게 되면 엔화가치는 상승하지만 환율은 하락한다.

(c) 주가와 환율의 관계

주가변동은 투자기대 수익률의 변동에 따라 외국자본의 유출입을 증감시키기 때문에[1] 환율에 영향을 미친다. 주가 상승이 예상되면 외

---

1) 투자기대 수익률이란, '기대 리턴'이나 '요구 수익률'이라고도 하며, 투자자가 자산을 운영하여, 거기에서 금후 예상되는 평균적인 수익률을 말한다.

국자본이 더 많은 투자이익을 추구하여 국내에 유입함으로 환율은 내려간다. 반대로 주가 하락이 예상되면 외국자본의 유출로 인해 환율의 상승을 초래한다. 예를 들면 외국인 투자자들이 일본 주식을 구입하는 경우 자국의 통화로 일본 주식을 살 수 없기 때문에 소지한 자국통화를 엔으로 바꾸어서 구입한다. 이때 자국통화를 팔고 엔을 사게 되어 주가 상승과 엔고 경향이 생긴다. 반대로 일본의 주식을 팔면, 주가 하락과 엔화 하락의 경향이 생긴다.

또한 환율이 오르면 국내 생산품의 가격이 하락하고 수출기업의 경쟁력이 높아 주가가 상승할 수도 있다. 그러나 일반적으로 환율 상승에 따른 수출 증가의 효과는 대개 중장기적 측면에서 기대할 수밖에 없다.

(4) 국제금융

국제금융은 국가와 국가 사이에서 이루어지는 자본의 유통이며, 국가 간의 자금 거래 및 조달 또는 해외 직접투자처럼 국경을 넘어 이루어지는 금융의 흐름이다. 그 형태에 따라 재화나 서비스의 거래와 자본거래로 나누어서 생각할 수 있다.

한편 국제금융시장은 국가 간 자본거래가 이루어지는 시장이다. 국제금융시장의 역할은 국가 간의 자본의 흐름을 원활하게 하여 각국의 경제성장을 지원하고 기업의 생산활동을 지원하기 위한 것이다. 국제금융시장에서 돈을 조달하는 방법은 채권, 주식 등을 통해서 이루어지고 있다.

여기에서 국제금융시장은 각국의 금융시장, 지역외의 금융시장, 이들 시장을 잇는 외환시장 등이 있다. 또한 국제금융시장은 국제 단기

금융상품이 거래되는 국제 단기 금융시장과 장기(만기가 1년 이상인 것) 금융상품이 거래되는 국제자본시장이 있다. 또한 선물, 옵션 등 금융파생상품이 거래되는 금융파생상품시장과 외환시장이 있다.

국제금융시장, 세계은행(IBRD), 아시아개발은행(ADB), 유럽개발은행(EBRD) 등과 같은 국제금융기구에 의한 자본을 대출하는 곳과 정부, 기업 등과 같은 자본을 차입하는 곳으로 되어 있다. 또한 대출하는 곳과 차입하는 곳과의 중개자에는 국제투자은행, 국제상업은행, 딜러, 브로커 등이 있다. 투자자는 연금기금, 상호기금, 보험회사 등 기관투자자와 개인투자자가 있다.

2. 국제경제의 형성

1) 산업혁명과 국제경제

중상주의 흐름에 따라 축적된 자본이 유럽국가, 특히 영국에서는 18세기 후반부터 산업혁명, 기술혁신(증기기관, 방적기 등의 발명과 기계산업의 발전)을 촉구하였다. 이러한 혁신에 따른 기계의 발명과 활용은 효율적인 생산이 가능하여, 소득 증가, 소비의 다양화, 비용절감 효과를 초래하게 하게 되었다. 나아가 소득의 증가는 국경을 초월한 투자, 무역, 이주를 유발하면서 국제경제를 형성하게 되었다. 또, 이러한 철도와 증기선의 발달은 유통의 원활화와 인적 교류의 활성화로 이어져 국제경제의 활성화를 크게 도움이 되었다.

도표 Ⅰ-2 산업혁명과 국제경제 형성

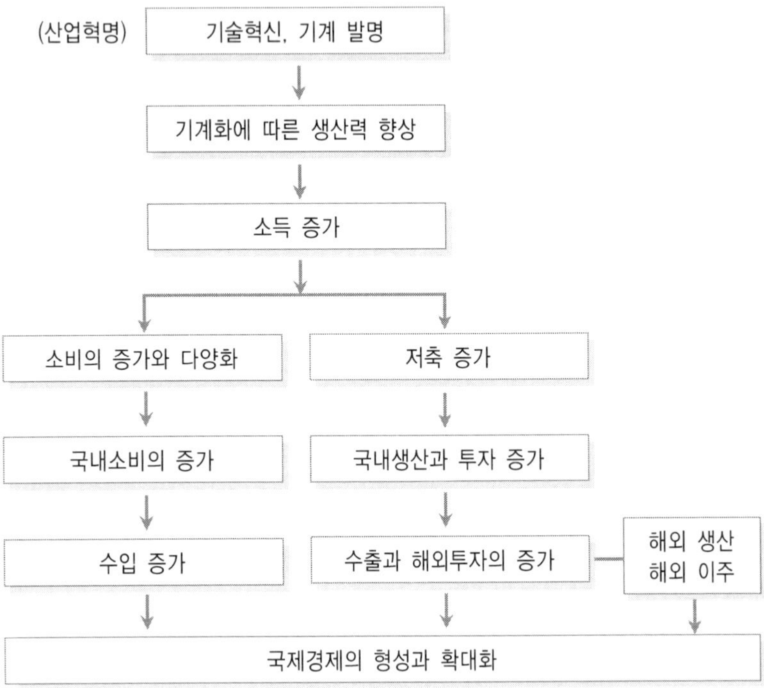

자료 : 저자 작성

즉 기술의 발전은 소득 증가, 소득 증가는 소비의 증가와 다양화와 저축의 증가로 이어지게 된다. 또한 소비의 증가와 다양화는 해외제품에 대한 흥미를 가져옴으로 무역의 증가를 초래하며, 저축의 증가는 해외투자 증가로 이어진다. 결국, 산업혁명은 국제경제의 확대화를 불러 일으킨 도화선이 되었다고 볼 수 있다([도표 Ⅰ-2] 참조).

영국은 산업혁명에 힘입어 강한 경제력을 배경으로 지금까지의 중상주의적인 보호정책을 포기하고 자유무역정책을 호소하였다. 1840

년대에는 영국이 세계의 공장, 세계의 은행이라고 불리우며 국제경제를 선도하게 된다. 이러한 자유주의의 흐름은 리카드(D. Ricardo)와 같은 자유방임주의 경제학자의 도움으로 자유무역의 기운이 높아져, 영국에서 유럽대륙으로 널리 퍼졌다. 그 일환으로 나타난 것이 프로이센의 주도로 국내물류를 촉진하기 위한 관세철폐를 지향한 '독일 관세 동맹'이었다.

한편 보호무역 흐름도 거세졌다. 미국의 초대 재무장관이었던 해밀턴(A. Hamilton)은 무역정책을 둘러싸고 '산업정책(1791년)'에서 자급자족이 바람직하다고 거론하면서 '유치산업 보호론'을 내세워 보호무역의 유효성을 주장하였다. 또한 해밀턴의 주장을 바탕으로 19세기 초반에 활약상을 보이며, 이미 서술한 '독일관세동맹'의 제창자인 리스트(F. List)는 자국인 독일과 같은 후발국이 산업을 부흥시키는데에는 영국과 같은 산업발전단계에 이르기까지 '지국산업의 보호'가 필요하다고 논했다.

2) 세계공황과 국제경제의 블록화

(1) 1929년의 대공황과 국제적 파급

제1차 세계대전(1914~18년) 이후, 미국 경제는 자동차 및 건설산업의 붐으로 일시적으로 호황을 보였다. 그 후 불황이 시작되어 미국정부는 불황 타개를 위한 중요한 시책으로서 저금리정책을 도입하였다. 이것이 실물없는 주식투자 붐을 불러 일으켜 1929년 10월 24일(목요일) 뉴욕 증권거래소에서 주가 대폭락의 발단이 되어 월가는 커다란 패닉상태에 빠졌다(이 날이 목요일 있었기 때문에 '암흑의 목요일'이라고도 한다).

그것은 미국 최대의 채권국인 독일로 비화하여, 급기야 독일의 다나트 상업은행의 파산, 연이어 1931년 5월 오스트리아 최대 은행인 크레지트앤타트의 파탄 등을 초래했다. 나아가 독일의 전쟁배상 지불이 정지되며 이들로 인해 다른 유럽에도 영향을 미쳤다. 특히 이 영향은 영국에 엄청난 타격을 주며, 런던에서 자금이 인출되었다. 급기야 영국은 1931년 9월 20일에 금본위제도에서 이탈하기에 이르렀다.[2] 또한 미국도 1933년 4월 디플레이션 대책으로 금본위제 체제를 포기하고 금본위제 체제 유지 국가는 프랑스를 비롯한 6개국으로 감소했다.

금본위제 체제의 국제경제질서를 지키기 위해 1933년 6월 세계경제회의가 열렸지만 이미 이런 제도에 의한 국제경제질서는 무너지고 있었다. 또한 각국은 자국의 수출 증가를 도모하기 위해 자국통화의 평가절하를 격화시켰다. 한편에서는 외국으로 부터의 수입을 억제하기 위한 관세할당 등의 수입제한조치를 강화했다. 이른바 '근린궁핍화 정책'을 내세웠다. 지역 블록화가 진행되어 세계경제는 붕괴의 방향으로 기울어 마침내 제2차 세계대전(1939~45년)의 발발을 초래하여, 전쟁 후 국제경제의 형성에 큰 교훈을 남겼다.

(2) 국제경제의 해체와 블록화

영국 런던에서는 1933년 세계공황대책을 위해 세계경제회의가 열렸다. 그러나 각국과의 조정이 가능하고, 국가별 고유정책을 내세운 결과 국제경제는 보호주의적 블록경제로의 길을 걸었다.

---

2) 금본위제도란, 어떤 국가의 화폐가 금의 가치로 보증되는 화폐제도를 말한다. 이때, 일반적으로 상품의 가치도 금의 양으로 결정된다.

(a) 통화블록의 형성

1930년대 선진 주요국은 자국 중심으로 한 상대국과 경제권을 형성하고 다른 경제권에 대해서는 폐쇄적인 무역정책을 도입하여 불황탈출을 목표로 하였다. 이러한 흐름은 폐쇄적인 경제권을 형성하고 통화블록으로 나타났다. 통화블록 시스템으로, 첫 번째는 1932년 영국의 특혜관세지역을 들 수 있다. 이것은 스털링(Sterling) 지역을 위주로 했기 때문에 스털링 블록(Sterling Bloc)이라고도 하고 있다. 이러한 경제권은 영연방국가를 중심으로 형성된 것으로 세계에서 처음 시도된 경제권이었다(파운드 블록이라고도 함). 두 번째는 미국과 중남미 경제권으로 한 달러 블록이였다. 세 번째는 금본위제도를 지키려는 프랑스 스위스 벨기에 등 6개국 중심의 금 블록이 있었다. 네 번째는 독일, 동유럽 국가들 사이에서 태생한 마르크 블록이었다.

(b) 외환관리정책

국제금융제도의 불안정성에 따라 각국은 직접적인 환율정책을 도입하게 되었다.

① **환율 평형 계정**(영국: Exchange Equalization account, 미국: Exchange Stabilization fund): 이것은 원칙적으로 환율거래소의 운영을 자유화하고 정부개입이 필요한 때에만 관할하는 제한정책이며, 정부 자금으로 외환시장에 개입하여 환율의 안정을 도모함에 있다. 이것은 영국에서는 1932년에 미국에서는 1934년에 시작되었다. 당시 금 1온스당 가격은 환율평형계정으로 35 미국달러였다.

② **외환 관리**(Exchange Control): 위기에서의 환율관리는 상기한 환율평형제도를 시행가기 위하여 충분한 외환보유액이 없는 국가가 직접 외환거래에 개입할 수 있으며, 환율의 안정을 도모하는 할 수 있는 것이다.

(c) 양자 간 무역협정

양자 간 무역협정은 보상협정(Compensation Agreements)이라고도 하며 양국 간의 물품과 물품을 직접 교환할 수 있으며, 수출입시에 결제를 필요로 하지 않는다. 이것은 바터(Barter: 물물교환)무역과 같고, 물품 이외의 서비스 재화의 결제까지 포함되어 있다. 이 협정은 지불협정(Payment Agreements) 및 특정 청산협정(Clearing Agreements)과 달리 양국 간 교역액을 미리 정해 둔다. 실제로 1934년 영국과 독일이 협정을 체결한 바가 있다.

(d) 무역제한정책

보호무역의 세계적인 흐름은 무역제한장치가 강화되고 관세 외에 수입할당제가 도입되었다. 당시의 주요 무역제한정책은 다음과 같은 것을 들 수 있겠다.

- 영국이 1932년부터 10% 이상 '고율 관세 정책'을 채택했다.
- 프랑스는 직접적인 수량제한인 '수입할당제'를 시작했지만, 이 제도는 가격 메커니즘을 무시하고 있다.
- 원자재가격 안정을 위해 생산국과 소비국이 서로 협력하여, 생산, 무역, 수량, 완충기구를 이용한 '국제상품협정'을 체결하였다. 예를 들면 국제주석협정(1931년 2월)과 국제밀협정(1933년 8월) 등을

들 수 있다.

- 선진국 간에 석유 카르텔, 국제 알루미늄 카르텔 등과 같은 '국제 카르텔'이 태동하였다.

3. 제2차 세계대전 후의 국제경제의 재건과 국제협력

1) 전후 국제경제질서의 확립

제2차 세계대전은 미국의 절대우위, 사회주의권의 확대, 아시아·아프리카·라틴 아메리카 국가의 독립으로 이어지면서, 세계경제의 불균형이 부각되었다. 한편으로는, 제2차 세계대전 후의 국제경제제도는 제1차 세계대전 이후 반성해야 할 점을 토대로 이루어졌다.

- 과거 금본위체제의 약점을 개선 한 국제통화제도의 확립
- 1930년대에 설치된 제한적인 국제경제체제를 점진적으로 제거
- 경제문제에 대한 대응은 국가 및 문제별로 하지 않고 다각적으로 시행하며 국제적으로 처리한다.

이러한 문제해결을 목표로 설립된 것이 브레튼 우즈 체제(1945~1973년)와 1948년에 설립된 국제무역기구였다. 그러나 다시 성찰해 보면, 이러한 체제는 어디 까지나 선진 자본주의국가 중심의 체제이며 낡은 국제경제질서이기도 하다.

2) 국제통화제도의 성립

(1) 국제통화의 필요조건과 기능

국제통화제도는 국가 간의 무역 및 자본 거래를 용이하게 하기 위해 마련된 국제결제제도이다. 여기에 한 나라의 통화가 국제통화의 역할을 위해 세계경제를 구성하며, 각국은 그 가치와 기능을 인정해야 한다. 한편 국제통화는 국가 간 거래에 사용할 수 있는 교환성이 요구되고 있다. 따라서 각국의 통화와 어떻게 교환비율(소위 환율)을 정하며, 기준통화로서의 역할을 수행할 수 있는 가치의 안정성이 필수적이다. 또한 국제통화에는 세계경제의 성장과 무역 증가를 지원할 수 있는 만큼의 충분한 양을 공급할 수 있는 조건이 요구되고 있다.

(2) 금본위제제도

금본위제제도는 각국이 자국의 화폐단위의 가치를 순금의 일정량으로 정해 끝없는 금화주조와 수출이 허용되고 지폐와 예금통화 등을 아무런 제한없이 금화와 교환가능하게 하는 제도이다. 이 금본위제도는 고전학파와 화폐수량설에 근거를 두고 있다.[3] 경제는 항상 완전고용과 완전경쟁상태에 있고 통화공급은 중앙 은행의 금준비와 일치하는 것을 전제로 하고 있다. 따라서 물가와 통화 공급은 비례하게 된다. 즉 중앙은행이 자금을 소유하고 그 증서로 화폐를 발행하여 화폐를 남발하지 못하고, 그 화폐를 중앙은행에 가져가면 돈으로 태환할 수 있는 제도를 말한다.

---

3) 화폐수량설에서는 화폐량이 증가하면 물가 상승으로 이어지며, 화폐량이 감소하면 물가 하락으로 이어지기 때문에, 물가수준은 화폐의 양에 따라 결정된다고 보는 것이다.

따라서 금본위제도의 국제수지 불균형은 금 유출입이 가져오는 자동조절기능으로 해결될 수 있다. 예를 들면 국가에 국제수지 적자가 발생하면 돈이 유출되어 국제수지의 균형을 유지하게 된다. 실제로 19세기의 국제 금본위제도는 국제 자유무역제도에 따라 국제수지와 물가의 안정화에 기여했다. 그러나 20세기가 되면서 금본위제도의 문제점이 부각되었다. 그 이유는 금본위제 자체의 단점과 신흥국의 도래와 함께 영국 지배력의 상실에 있다.

그런데 금본위제도의 단점으로는 "① 경제가 성장할 때, 화폐의 수요가 많아 지지만 금 생산량이 충분하지 않은 경우, 화폐의 수요를 충족시킬 수가 없다. ② 화폐에 대한 금의 가치가 일정하다고 해도 다른 제품에 대한 금의 가치가 일정하지 않으면 물가의 변화가 생긴다." 등을 들 수 있다.

어쨌든 이 제도는 20세기가 되자, 미국, 독일, 프랑스 등의 경제력 향상에 따라 영국 중심의 국제통화제도는 한계에 부딪히게 된다. 특히 제1차 세계대전의 발발로 많은 나라는 금본위제도의 게임규칙을 포기했기 때문에 이 제도의 붕괴로 이어졌다. 그리고 제1차 세계대전 이후 미국은 1919년에 금 수출 금지를 고쳐 다시 금본위제도를 도입했다. 그리고 1922년에는 프랑스가 1930년에는 일본이 금본위제로 돌아왔다. 그 후 미국은 지금까지의 금본위제도를 유지했지만, 금 보유액의 감소에 따라 영국과 프랑스가 금화의 자유로운 주조 및 은행권의 금 태환을 제한하는 금지 금본위제도를 채택하였다.

또한 다른 많은 국가는 금태환이 보장되는 교환성통화를 자국통화 발행의 준비로서 이용하는 금환율본위제도(Gold Exchange Standard System)를 도입하였다.[4] 이러한 제도는 금본위제도 나라의 통화를 자국이 보유하고 있는 경우 돈을 준비하여 자국통화의 발행이 가능하기 때문에 소량의 금준비로도 많은 여신이 가능하며, 금부족 문제를 해결할 수 있다. 그러나 이 제도의 문제점으로 세계적인 인플레이션 요인으로 충분한 금보유가 없는 나라의 재정에 압력이 시작되면 돈 환율본위제도의 국가는 어렵게 된다. 특히 금환율본위제도 하에서는 이전 금본위제도와 유사한 자동조정기능이 유효하지 않게 된다.

(3) 국제통화로서의 금본위제도의 연혁

제1차 세계대전까지의 국제경제를 논할 경우에는, 국제통화문제를 거의 다루지 않았다. 제1차 세계대전까지 금본위제도 하에서 영국이 세계경제에 압도적인 영향을 미치고 있기 때문에, 파운드가 안정되어 신뢰도는 절대적이었다. 그러나 제1차 세계대전 후에는 영국 중심의 국제경제 흐름이 무너지고 1930년대가 되면서 파운드 중심의 국제 금본위제도가 힘을 잃었다. 그리고 제2차 세계대전 이후 달러 중심의 국제통화체제가 되었다.

국제통화가 달러 중심이 된 배경에는 미국의 강한 경제력을 바탕으로 방대하게 축적된 금준비에 있었다. 미국정부는 1934년부터 외국의 공공기관이 보유하고 있던 달러에 대해 금 1 온스 당 35 달러의 가격에 달러를 금으로 교환할 수 있도록 확실히 보장하였다. 따라서 1949년에는 마침내 미국정부가 보유하고 있는 금보유액은 246억 달러로 지금까지의 최고치를 경신하였다. 각국 정부는 미국이 보유하고 있는 방대한 금보유를 신뢰하고 금 대신 달러를 대외결제 준비로 보

---

4) 금환율본위제도란, 금본위제도에서 금화를 일정의 시세로 매매하는 것으로, 자국화폐를 금의 가치와 평가, 즉 자국화폐 1단위와 금의 일정량 사이에서 등가(等價)관계를 유지하려고 하는 화폐제도를 말한다.

유했다. 이렇게 제2차 대전 후의 국제통화제도는 금과 달러가 양립된 금 · 달러 체제가 되었다.

그러다가 1960년대에 달러 불안이 시작되고, 1960년대 후반에는 엔, 파운드, 마르크, 프랑 등도 불안감을 보이기 시작했다. 또한 1968년 3월에는 공전절후의 골드 러시가 일어나며, 1971년 8월에는 금과 달러의 교환이 정지되었다.

한편, 1971년 2월, 스미소니언 합의에 따라 고정환율제를 도모했지만 오래 가지 못했다. 그 요인은 1973년 2월에서 3월 사이에 환율 불안정의 계기로 여러 선진국들이 변동환율제도를 도입했기 때문이다.

(4) 브레튼 우즈(Bretton Woods) 체제의 경과

브레튼 우즈 체제는 안정적인 국제금융제도를 도모하기 위하여 1944년 7월 22일 미국 뉴 햄프셔에 있는 브레튼 우즈에서 연합국 44개국의 서명하에 시작되었다. 이 제도를 유지하고 있는 것은 국제통화기금(IMF: International Monetary Fund)과 국제부흥개발은행(IBRD: International Bank for Reconstruction and Development), 세계 은행(World Bank) 등이다.

이 체제를 구축하게 된 경위를 보기 위해서는 1930년대의 세계경제상황을 주시할 필요가 있다. 그 당시 세계경제상황은 대공황으로 인해 미국의 무역 및 해외투자의 감소와 다른 나라에서도 수출 감소가 현저했다. 따라서 각국은 자국의 무역적자를 보전하기 위해 관세율을 올리고 금준비의 부족을 보충하려고 했다. 이러한 상황으로 인해 많은 국가들에게는 금본위제도의 붕괴, 무역제한조치의 확산, 환율 불안정 등을 초래하게 되었다. 나아가 자국통화의 평가절하 현상 때문에 국제무역과 자본이동이 위축되었다.

그 후 1930년대 후반에는 세계경제 회복의 기미가 보이기 시작했지만, 1939년 제2차 세계대전의 발발로 인해 세계경제는 무역규제, 엄격한 외환관리, 글로벌 인플레이션 나아가 국제 유동성의 부족을 초래하였다. 따라서 국제통화제도의 질서가 매우 혼란해졌다.

주요 요인은 "① 변동환율제도가 가져 오는 불안정한 부분을 과도하게 평가 ② 두 차례에 걸친 세계대전 동안 행해진 금본위제도 하에서 나타난 유동성 부족 및 조절능력의 부족이 초래한 신뢰성 실추 ③ 국제통화질서의 혼란기에 나타난 평가절하, 무역제한, 환율규제" 등이었다.

이러한 요인을 감안하여 새로운 국제통화제도가 필요하게 되었다. 그 중에서도 1943년 4월 케인스가 영국 대표로 '국제청산동맹안(Proposal for International Clearing Union)'을 발표하였다. 한편 미국은 같은 해 7월, 화이트가 제창한 '연합국 안정기금 예비 초안(Preliminary Draft of Proposal for an International)'을 발표했다. 그러나 양국은 국제통화기구(IMF)에 의한 고정환율제도를 수용하여 미국이 제안한 내용 중심인 IMF협정을 명문화하였다.

금고정 평가를 기반으로 한 브레튼 우즈 체제는 회원국 통화의 교환을 보장하고 회원국 통화가 자유롭게 거래할 수 있고, 금과 교환이 가능한 금본위제를 구축했다. 그래서 브레튼 우즈 체제 하에서 금본위제도는 다음과 같은 것이 촉망되었다.

- 각국의 통화가 미국 달러를 통해 돈이 이어졌기 때문에 미국의 국제수지가 흑자의 경우에는 달러가 미국에 유입된 국제 유동성이 감소된다. 한편 적자의 경우 달러가 미국에서 유출된 국제 유

동성은 증가한다.

- 브레튼 우즈 체제는 대공황이 가져온 심각한 환율변동에 따른 불안정한 모습을 보이고 있었다. 이 불안을 극복하기 위하여 회원국들은 자국통화의 현물환율(Spot Exchange Rate)을 상하 1%의 범위 내에서 고정환율제도를 채택하였다. 한편 국제수지가 계속 불균형할 때에는, IMF의 협의를 거쳐 10% 이내의 평가는 인정하는 것으로 한다.
- 브레튼 우즈 체제는 기금인출제도를 채택했다. 이것은 회원국에 할당된 출자금으로 조성된 기금을 활용하여 국제수지 조정 기능을 지닌다.

이상을 중심으로 환율안정과 외환거래의 자유화를 표방하면서 출범한 브레튼 우즈 체제는 미국 달러를 국제통화로 하고 각국의 준비통화, 거래통화, 개입통화의 기능을 다하는 기축통화가 되었다. 결국 국제통화제도는 미국 달러를 기축으로 하는 금달러본위제가 진행되어 달러의 적용범위를 범국제적으로 하였다.

그러나 브레튼 우즈 체제는 그 전개과정에서 많은 문제점이 나타났다. 1945~58년에 달러화가 부족하여 기축통화의 국제 유동성 결여 문제, 1959~68년의 달러 초과시에는 기축통화의 신뢰성 저하의 문제, 1968~71년에는 국제수지 조정의 경직성 문제가 부각되었다.

특히 미국에서 1960년대 이전에는 연평균 적자폭이 10만 달러였던 것이 1960년대에 30만 달러로 팽창하여 미국 달러의 신뢰성이 저하되고 있었다. 따라서 각국은 대외준비자산으로 달러보다 금을 선택하게 된다. 또한 외화보유가 더 많아 지고 있는 독일 마르크와 엔으로의 전환이 진행되면서, 달러 중심의 국제통화에 불안감이 늘어만

갔다.

또한 1960년대 후반이 되어, 미국뿐만 아니라 영국과 프랑스에도 국제수지 악화가 확산했지만, 브레튼 우즈 체제 하에서는 환율의 조정기능이 없기 때문에 국제수지의 개선이 곤란에 빠지고 만다. 또한 국제통화질서의 안정을 위해 국제적인 유동성이 세계경제의 성장, 특히 세계무역의 증가에 비례하여 공급하는 것이 중요하다고 보았다. 특정 국가의 통화가 기축통화의 경우 해당 국가의 국제수지 상황에 따라 국제 유동성 공급이 변화하기 때문에 항상 적절한 국제 유동성 공급은 성립되지 않는다.

따라서 금 공급과 기축통화국의 국제수지에 관계없이 공급할 수 있는 국제준비자산이 필요하게 되었다. 그래서 1970년에 제1차 IMF(국제통화기금) 협정의 개정에 의해 특별 인출권(Special Drawing Right)을 제정하여 국제 유동성 부족분을 보완하려고 했다. 그러나 미국의 적자개선이 불투명하고, 미국 달러의 신뢰성 실추로 인해 1971년 8월 15일, 닉슨 대통령이 미국 달러의 금태환 정지를 선언하여 1973년에는 금 · 달러 본위제를 채택해 온 브레튼 우즈 체제는 완전히 막을 내렸다.

3) 국제통화기금체제의 대두

국제통화기금체제(IMF)의 설립목적은 경상수지 균형을 위한 다각적 지불제도를 확립하고, 환율의 안정을 도모하며 각국의 무역과 경제성장을 촉진하기 위한 것이다.

(1) 트리핀 딜레마의 극복

IMF체제는 기본적으로 달러를 중심으로 하는 것이었다. 제2차 세계대전 직후에는 유럽국가의 국제수지가 악화하여 달러 부족이 심했지만, 1958년 이후에는 각국의 경제력 증가 및 국제수지 개선을 보였다. 따라서 달러는 상대적으로 약체화하여 달러의 신용이 떨어지기 시작하여, 달러가 금과 동일한 가치가 있다고 생각하지 않게 되었다. 만일 각국의 중앙은행이 달러를 보관하지 않고 금으로 교환한다고 하면, 달러와 금의 교환 시스템은 붕괴할 가능성을 안고 있었다.[5] 따라서 달러의 유동성 강화가 필요하게 되었다.

그래서 달러 강화정책은 일반 차입결정과,[6] 금 풀 제도(1961년)가 성립하여,[7] 유동성 강화방안으로는 특별인출권(Special Drawing Right: SDR=Paper Gold)이 도입되었다(1969년).

결국 IMF는 다음의 4가지와 같은 제도를 마련하여 국제경제의 안정화를 목표로 하였다.

• 고정환율(Fixed Exchange Rate)

고정환율은 IMF가 환율안정을 위해 달러 또는 돈으로 각국의 통

---

5) 기축통화 시스템 붕괴에 대한 우려는, 로버트 트리핀(Robert Triffin)에 의해 제창되었기 때문에, 트리핀의 딜레마라고도 한다. 기축통화였던 달러는 미국의 국제수지 적자 때에 한해서 외국에 공급된다. 그런데 이 국제수지의 적자 증가는 기축통화로서의 달러의 신용실추를 초래한다. 그렇기 때문에, 기축통화의 공급량 증가와 신용성 인증은 양립하지 않으면 안되는 딜레마를 안고 있다.

6) 일반차입 결정(General Agreement to Borrow)이란, 선진 10개국에 속해 있는 국가가 국제수지 악화 때문에, IMF에 차입을 요청하면, 각국은 국제수지 악화국에게 자금원조를 약속한 것으로, 1962년 10월에 발효되었다.

7) 1960년대에 들어 서자, 달러 약세, 금 강세 현상이 일어났다. 그 배경에는 미국의 경기부양책에 따른 달러 과잉 문제가 있었다. 그래서 미국 등의 주요국이 보유하는 금 방출과 금 교환 자숙으로 금 가치의 상승을 막는 금 풀 제도를 도입하였다.

화가치를 미리 결정하고 그 상하 1%의 변동범위에서 환율을 유지하는 시세관리제도이다.

- 출자액의 유동성

  회원국의 국제수지가 악화했을 때, 각국의 출자액에 비례하여 IMF로 부터 차입이 가능하게 되어 있다.

- 국제수지 불균형의 시정

  IMF가 국가의 국제수지가 만성적으로 불균형하다고 인정될 경우에는 환율의 변경을 인정한다.

- 환율제한 해제

  다각적 결제제도를 구축하여 원칙적으로 환율의 제한을 하지 않는다.

(2) 고정환율제에서 변동환율제로

IMF 체제 하에서의 달러 강화 방법은 효과가 없었다. 1967년에는 달러로 돈과의 교환이 중지되고 미국 달러와 금의 직접적인 관계가 없어지는 시대를 맞이했다. 1971년에는 미국 달러의 금태환이 공식적으로 중지되고 국제통화질서가 혼란에 빠졌다. 이를 수습하기 위해 선진 10개국 재무장관과 중앙은행 총재들이 모여서 1971년 12월 17일 워싱턴의 스미소니언 박물관(Smithonian Institute)에서 회의를 열었다. 여기에 합의된 주요 사항은 달러에 대해 금 8% 평가절하를 도모하며, 많은 국가의 통화조정이 이루어지고 환율변동폭도 1%에서 2.25%로 확대하는 것이었다.

이러한 정책적 지원에도 불구하고 고정환율제 유지는 어려워 먼저 파운드가 1972년에, 달러와 엔화가 1973년에 변동시세로 전환했다.

결국 선진국의 환율제도는 변동환율제(Floating Exchange Rates System)가 되었다.

(3) 고정환율제도에서 변동환율제도로

일반적으로 고정환율제도는 환율의 변동폭을 매우 제한하거나 전혀 변동하지 않는 것을 의미한다. 전형적인 고정환율제도였던 금본위제도 하에서 환율은 금의 평가를 중심으로 변동폭은 크지 않았다. 또한 고정환율제도 하에서는 정부가 환율을 일정 범위 내에서 고정시킴으로써 환율을 안정시킨다.

한편 변동환율제는 환율(Foreign Exchange Rate)의 결정을 시장의 힘(Market Forces)에 맡기고 특별한 정책과 급격한 변동 등을 제외하고는 시장에 개입하지 않음으로서 '관리된 플로트(Managed Float)'라고도 한다. 즉 IMF 8개국이 된 경우에는,[8] 변동환율제도 하에 따라 정부가 환율결정에 직접 개입하지 않고 외환시장의 수요와 공급에 의해 환율이 자유롭게 결정된다.

오늘날 많은 나라가 변동환율제를 도입하고 있지만, 시장의 가격기능에 의한 완전한 자유변동제도는 아니다. 이른바, 정부가 자국화폐의 환율결정에 개입하는 관리변동환율제를 도입하고 있는게 일반적인 실정이다.

(a) 변동환율제도의 장점

- 국제수지의 적자가 계속되면, 자국통화 가치가 하락하고 수출 경쟁력은 높아진다. 따라서 수출이 증가하고 국제수지의 불균

8) IMF 8개국이란, IMF협정 제8조 규정에 따라, 환율제한을 철폐한 국가를 말한다. 그 제8조에는 "경상거래 지불제한을 하지 않을 것, 외국통화 간의 차별을 정하지 않을 것, 자국통화와 타국통화를 교환가능하게 할 것"이라고 하는 의무사항을 기제하고 있다.

형이 해소된다.

- 국제수지의 균형을 맞추기 위하여 일부러 쿼터제(수량제한), 수입제한, 외환관리 강화와 같은 정책을 마련할 필요가 없다.
- 환율이 일정 수준을 유지하기 때문에 환율조정에 필요한 정부준비금을 필요로 하지 않는다.

(b) **변동환율제도의 단점**

- 환율은 때때로 변하기 때문에 환율위험이 무역과 국제투자를 저해하게 되고, 물가 및 기업경영의 불안요소가 되기도 한다.
- 국제투기거래가 이루어 균형을 파괴시키는 단기 자본이동이 발생될 수 있다.
- 물가와 환율의 변동에 서로 영향을 주어서 악순환을 초래할 우려가 있다. 예를 들면 자국통화의 평가절상이 수입품 가격 하락을 유도하지 않는 경우가 많은 것을 들 수 있다.
- 환율변동에 따른 국제수지를 개선되기 위해서는 수출입 가격의 탄력성이 충분히 높아지고 있는가가 문제이다. 그러나 이 가격탄력성이 부족하면 오히려 국제수지를 악화시킨다. 예를 들면 국제수지가 적자이기 때문에 제품 하나를 생산할 때 1달러에 90엔이었던 환율이 120엔으로 엔화 절하되었다고 가정해 보자. 이때 90엔 대비 수출자는 수입에서 0.75달러만 받으면 되는 것이기 때문에 수출가격을 인하할 수 있어서, 수출 증가 요인이 발생한다. 그러나 이렇게 되었다고 해도 수입수요가 수출가격 인하 폭 이상으로 증가하지 않으면 오히려 수출로 인한 실익이 적어진다.

(4) 환율 및 국제 수지와의 관련성

일반적으로 환율이 상승(예를 들어, 달러 강세 · 엔화 하락)하면 수출 증가, 수입 감소의 경향이 보이며 국제수지가 흑자경향을 보인다. 왜냐하면 환율이 상승하면 수출업체가 수출의 대가로 같은 금액을 외국화폐로 받는다 하더라도 그 외국화폐를 엔으로 환산하면 거액을 받은 것이 되기 때문이다. 따라서 수출을 늘리는 것이 용이하게 된다. 또한 수출업자는 원형으로 더 많이 받게 되기 때문에 더 싼 가격으로 수출할 수 있어서 수출량이 증가하는 것으로 이어진다. 한편 수입업자는 환율이 상승하면 수입품의 대가로 더 많은 엔을 지불할 수밖에 없기 때문에 수입이 줄어들어서 국제수지가 흑자로 된다.

4) 환율의 주요 변동요인과 엔화 환율

환율의 변동요인은 단기와 중장기로 나누어 생각할 수 있다.

(1) 단기 요인

- 정치사회의 요인[9] 및 심리적 요인
- 통화당국의 동향(중앙은행과 재무부의 정책적인 시장개입)
- 투기거래, 헤지 펀드(Hedge Fund)의 활동

(2) 중장기 요인

- 경제의 기초(Fundamentals) 조건의 변화(고용, 성장, 인플레이션, 경

9) 예를 들면, 2012년 12월 16일, 일본 중의원 선거에서 자민당이 압승하여, 동월 26일에 아베정권이 탄생한 것을 생각해 볼 수 있다. 아베 정권의 정책에 힘입어, 2011년 4월 이래, 실로 1년 8개월만에 엔화 약세, 달러 강세로 돌아서서, 당시의 환율보다 약 20% 이상의 엔화의 가치가 절하되었다.

제력 등)

- 국제수지의 변화(경상계정, 무역수지 등)
- 금리동향(예를 들면, 미국의 금리가 상승하면 달러 매수가 진행되어 달러 강세를 초래)

(3) 일본의 환율시세의 변화

일본의 엔화 시세는 고정환율제 시대에서는 1달러당 360엔이었다. 변동환율제에 들어 와서는 240엔(1973년), 미국 경제의 블랙 먼데이(Black Monday: 1987년 10월) 때는 130엔, 그리고 1995년 유럽 통화 위기 때는 80엔대, 2010년 초에는 90엔 전후가 되고 있었다. 그리고 1980년 전후부터는 엔고 경향이 계속되고 있었지만, 2013년 초에는 인플레이션 목표 정책 하에서 엔화 약세를 추구하는 아베 정권의 탄생과 더불어[10] 급격한 엔화 약세로 100엔 정도에 머무르고 있다.

4. 무역 자유화

제1차 세계대전후 부터 제2차 세계대전이 발발하기 전까지의 시기에서 구축된 온갖 무역제한정책은 이웃 나라의 궁핍화를 촉구하였다. 따라서 이 무역제한정책을 완화하고 무역 증가를 목표로 한 국제기구가 나타났다. 그것이 바로 1948년 1월에 제정된 GATT(General

10) 디플레 타겟트란, 정부나 중앙은행이 인플레이션(물가상승률)의 목표치를 정하여, 시중의 통화량을 컨트롤함으로서 물가 상승을 유도하여, 안정적인 경제성장을 촉진하는 금융정책을 말한다. 또, 디플레 타겟트 정책은 금융완화와 중앙은행에 의한 인플레이션율의 견지와 함께 가계나 기업에도 목표치와 동등한 지출, 임금 등의 상승으로 기대하게 한다.

Agreement on Tariffs and Trade: 무역 및 관세에 관한 일반협정)이며, 이 협정에 따라 무역자유화의 길이 폭 넓게 열리게 되었다.

처음에는 관세인하, 쿼터제의 철폐를 목표로 호혜관계로 진행되었다. 이 진전은 쉽지는 않았지만 1960년대에서 다자간 무역협상, 관세의 일괄(라운드) 저하가 도입되고 무역자유화가 진행되게 되었다.

1) 다자간 무역협상의 연혁

- **초기 단계: 제네바 라운드**

  다자간 무역협상의 초기 단계로 관세 인하, 호혜주의(최혜국 대우)를 추구하고, 1947년 23개국이 참여한 제네바 라운드하에 약 45,000의 품목의 관세인하를 결정하여 관세인하가 퍼졌다.

- **1960년대: 케네디 라운드**

  1964~67년에 걸쳐 62개국이 참가하여 관세를 약 50%나 낮출 수 있게 했다.

- **1970년대: 도쿄 라운드**(1973~79년)

  도쿄 라운드는 99개국이 참여한 다자간 무역협상이다. 보조금 · 상쇄 관세, 반덤핑 관세, 민간 항공기, 정부 공공조달, 수입허가 절차, 무역기술 장벽 등을 중심으로 하는 국제규정의 개선을 도모하여 관세장벽의 완화와 제거를 위한 소기의 성과를 얻었다고 볼 수 있다.

- **1980년대: 우루과이 라운드**(1986~1994년)

  이 라운드는 GATT 체제의 문제점(무차별 원칙 관세협상에 따라 상호주의에 의한 비관세장벽의 확산, GATT 체제의 이탈 지역주의의 만연 등)을 개선하기 위하여 무역자유화와 다각적적인 무역을 촉진과 통상교섭이 이루어졌다. 또한 지적재산권과 서비스 무역의 취급방법, 특히, 농산물의 무역자유화를 도모하였다.

- **1995년 1월: WTO 출범**

  1995년 1월 1일부터 세계무역기구(WTO: World Trade Organization)가 설립 되었다. 종래의 GATT 체제와 비교하여 서비스 무역, 지적재산권을 비롯하여 무역 분쟁의 처리가 더 한층 신속하게 이루어지게 되었다. 지금까지와 같은 대국의 회색정책도 자취를 감추게 되었다. 예를 들면 일본의 소주가 위스키와의 수입 관세율 격차로 '시정권고'를 받은 것이 여기에 해당된다고 볼 수 있다.

  또한 WTO는 GATT체제 때의 협정과는 달리 회원국 간의 무역관계를 정의하고 많은 협정을 관리 감독하는 기관이기도 하다. 세계무역의 자유화를 도모하여 관세 감소, 쿼터제의 원칙 금지, 최혜국대우, 다각적 무역체제를 기본원칙으로 하며, 모든 회원국은 '무조건 최혜국 대우'를 받는 것을 의무로 하고 있다. 이것은 다른 회원국에 한정되어 있는 권한이 다른 모든 국가에 동일하게 적용되어야 한다는 것을 의미한다. 참고로 2012년 12월 현재 WTO 회원국이나 지역은 157개국에 이르고 있다.[11)]

• **도하 라운드**

도하 라운드는 2001년 11월 카타르의 도하에서 열린 WTO 제4차 각료 회의에서 합의되어 시작된 다자간 무역협상이다. 상품의 자유화뿐만 아니라 서비스 무역, 반덤핑 분야 등의 개별교섭을 도모한다. 이에 따라 무역규칙, 농업시장 개방, 환경 문제 등을 포함한 폭 넓은 분야가 적극적으로 검토되었다.

2) 오늘날의 자유무역협정

(1) FTA

FTA(자유 무역 협정: Free Trade Agreement)은 국가 간의 상품이동을 자유화 협상에서 특정 국가간 배타적인 무역특혜를 서로 인정하는 협정이다. FTA가 정하고 있는 분야는 협정 체결 국가에 따라 상당히 다르다.

WTO체제의 이전에는 선진국과 개발 도상국과의 FTA가 상품분야의 자유화 및 관세 인하가 주요 이슈였다. 그러나 WTO체제 후에는 FTA의 적용범위가 크게 확산되고 있다. 관세철폐 이외에 서비스 부문 투자의 자유화까지 포괄적으로 시행되어 지적재산권, 정부조달, 경쟁정책, 무역규제 제도 등도 협상대상이 되었다.

(2) EPA

EPA(경제연계협정: Economic Partnership Agreement)은 FTA에서 요구하는 관세장벽의 제거와 더불어 두 개 이상의 국가와 지역 사

11) 일본 외무성HP(http://www.mofa.go.jp/mofaj/gaiko/wto/data/kamei.html, 2012년 12월 28일 검색).

이에서 사람의 이동과 투자환경의 정비, 지적재산권 보호 강화, 기술 협력, 양국간 협력 등을 포함한 포괄적인 국제협정을 말한다.[12] 따라서 EPA는 FTA를 최종 목표로 하는 국가 간 경제협력방법이라고 할 수 있다([도표 Ⅰ-3] 참조).

EPA체결 절차는 일반적으로 다음과 같이 생각해 볼 수 있다. 각국에서 EPA의 검토가 이루어지면 정부 간 협의 때, 산학관의 예비적인 공동연구 및 협의에 의한 합의점을 찾게 된다. 그 협의 결과에 따라 해당 국가와의 EPA체결이 바람직하다고 판단되면, 정부 간 공식협상을 시작하게 된다. 협상에서는 전체 협상과 분야별로 전문가 회의에서 논의를 한다. 그 결과 해당 국가 간의 큰 틀의 합의 단계에서 그 사실을 발표한다. 그 후 남겨진 자세한 논의를 거듭하여, 조문 등 조정작업을 위한 테스트 교섭이 시행되어 서명하기 이른다. 서명 후 해당 국가에서 비준절차 후 발효가 된다.

도표 Ⅰ-3 FTA와 EPA 개념도

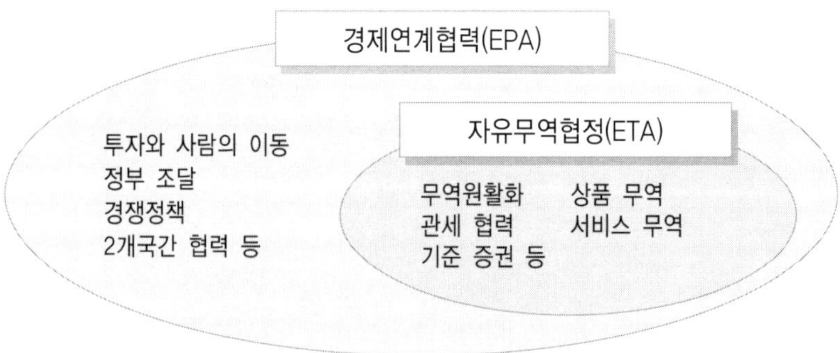

자료 : 일본재무성 HPhttp://www.mof.go.jp, 2010년9월22일 검색

12) EPA와 FTA의 정의나 흐름은 일본재무성의 HP를 토대로 작성(http://www.mof.go.jp/customs_tariff/trade/international/epa, 2008년 9월 22일 검색).

(3) TPP

TPP(Trans-Pacific Partnership)는 환태평양 경제동반자 협정이라고 하며 관련 국가에서 사람, 물건, 돈, 서비스, 물품 등의 이동의 자유화를 목표로 하는 협정이다. 그 목적은 "상품무역의 관세 철폐, 서비스 무역, 정부조달, 지적재산권, 금융 등의 지역내에서의 자유로운 이동, 혁신적인 분야의 제품 및 서비스 분야의 무역투자를 촉진한다"라고 되어 있다. 특히 일본의 경우는 국내의 사정(주로 농산물 분야)이 많은 문제가 되어, TPP를 중심으로 하는 자유무역협정이 잘 진행이 안되는 실정이다. 또한 TPP는 각국 사정에 따라 결코 양보할 수 없는 국내상황이 잠재해 있기 때문에 체결을 향한 진전이 답보상태에 있다.

여기에 본 협정을 둘러싸고 각국의 전략과 의도를 나타낸 것이 [도표 Ⅰ-4] 이다. 또한 일본과 주변 국가의 의도는 다음과 같은 맥락에서 생각해 볼 수 있다.

(a) 일본의 의도

일본의 입장에서는 EU와 미국과 FTA를 체결한 한국이 중국과 FTA를 체결하면 한국기업과 경쟁관계에 있는 자동차, 전자 분야 등을 중심으로 하는 일본 기업의 경쟁력 저하를 피할 수 없다. 따라서 미국 주도의 TPP와 동시에 한중일 FAT의 조기 실현을 목표로 하고 있다. 일본은 중국 중심의 동북아 경제권의 주도권 약화를 방지하기 위해 TPP를 진행하면서 인도, 호주 등과 함께 하는 ASEAN+3로 하여 서둘러 합의를 서두르고 있는 것이다.

도표 I-4 **주요국간에 예상되는 쟁점**

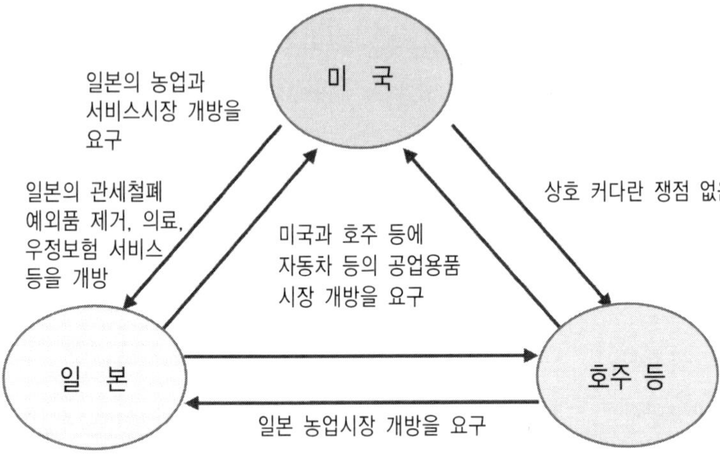

자료 : "권혁재, TPP 전망과 대응방향, SERI포커스, 2011년 11월 29일(제 359호), 삼성경제연구소"를 토대로 작성

(b) 한국의 의도

중국시장 선점을 위해서 한중일 FTA보다 한중 FTA를 우선으로 하고 있다. 그 목적은 이 협정 체결로 다른 나라 상품이 한국상품 구입으로 연결되는 무역대체 효과로 연간 172.6억 달러에 상당하는 수출효과를 얻을 수 있다는 잠재적 시장을 겨냥한 것이다. 그 중에서도 일본기업 상품에서의 대체효과가 약 30%(53.3억 달러)로 추산되고 있다.[13] 따라서 당분간은 한국은 한중일 FTA나 TPP보다 한국 중심의 FTA 네트워크의 완성을 목표로 하고 있다. 향후 전망으로는 한국의 내부 정치와 남북관계 및 이에 따르는 경제정책 체제의 정비를 위해 3 국간 FTA 보다 2 국간 FTA를 먼저 진행할 것으로 보인다.

---

13) JETRO 아시아 경제 연구소 HP '한중, 중일 FTA의 영향' (http://www.ide.go.jp/Japanese/Publish, 2012년 12월 30일 검색)

(c) 중국의 의도

미국 주도의 TPP에는 신중함을 보이고 한중일 FTA나 동아시아 중심의 경제 협력(ASEAN+3개국) 혹은 ASEAN+6개국을 중심으로 한 정책적 협상이 주안점으로 될 것이다.

(d) 미국의 의도

미국은 중국의 팽창력을 견제하는 일환으로서, 수출확대를 통한 경제회복과 아시아 태평양 지역에서의 영향력 유지를 도모하고 있다.

5. 지역 통합

1) 경제통합(Economic Integration)

일정 지역내의 각국은 상호 경제발전을 추구하고 경제공동체 형성과 지역통합을 목표로 한다. 공동시장화와 지역통합을 추구하는 목적은 동일한 관세제도를 유지하면서 회원국끼리 자본과 노동력이 자유롭게 이동할 수 있도록 하는 것이다. 일정 지역이 통합된 공동시장 내에서 무역의 관세철폐를 도모한다. 한편 공동 시장의 지역외에는 일반 관세를 적용하는 경향이 많다.

경제통합의 초기 단계에서는 관세동맹에서 시작하는 경우가 많다. 관세동맹은 부분적인 경제통합의 형태로 자유무역지역과 공동시장(Common Markets)과의 중간형태를 띠고 있다. 자유무역지역은 상호간의 자유무역을 인정하면서 공동 관세제도를 지니지 않는 통합형태로 나타난다.

일반적인 지역통합은 다음과 같은 다섯 단계를 거쳐 이루어진다.

- 제1단계에서는 역내무역장벽을 철폐하는 자유무역지역(Free Trade Area)을 구축한다.
- 제2단계에서는 1단계를 토대로 지역외의 국가에 공통관세를 설정한 관세동맹(Customs Union)을 형성한다.
- 제3단계에서는 2단계에다 노동과 자본이 지역 내에서 자유롭게 이동할 수 있는 공동시장(Common Market)이 이루어지게 하는 것이다.
- 제4단계는 3단계와 함께 통화정책을 비롯한 경제정책을 지역 내 조정으로 경제동맹을 체결한다.
- 마지막 제5단계에서 4단계 뿐만 아니라 정치통합까지 실현하여 지역내 완전 통합을 의미한다.

2) 유럽의 지역통합의 경위

제2차 세계대전 후 유럽경제는 황폐하고 국제수지가 만성적 적자로 인해 사회주의화를 표방하는 분위가 많았다. 그래서 미국은 1946년 마샬 플랜(Marshall Plan)으로, 제2차 세계대전에서 피해를 입은 유럽 국가에 대규모 해외 원조를 시작하게 된다. 이 원조의 수용조직으로 유럽에서는 유럽경제협력기구(OEEC: Organization for European Economic Cooperation)을 발족하여 공동시장 형성에 의한 경제발전을 시도하였다.[14)]

14) 여기에서의 공동시장이란, 국제간의 교역량을 증가시켜, 사회나 경제적 발전을 촉진하기 위하여 경제적으로 통합된 시장을 말한다.

이로서 유럽의 재건이 겨우 시작되어 1958년에는 '슈맨 플랜(Schuman plan)'을 토대로 유럽 6개국(벨기에, 룩셈부르크, 네덜란드, 프랑스, 서독, 이탈리아)은 유럽경제공동체(EEC: European Economic Community)를 결성하게 된다. 그런 다음에 EU가 EEC역할을 유지 발전시켜 유럽의 본격적인 경제통합을 실현하기 시작했다. 이 공동체의 목표는 첫째 해당 지역의 자유무역지역, 관세동맹, 공동시장을 추구하고, 궁극적으로는 유럽을 합중국화하는 것이다(자세한 실행 경과는 [도표 Ⅰ-5] 참조).

실제로 유럽 6개국에서 시작된 유럽연합의 움직임은 1968년에 관세동맹을 체결, 1973년에는 영국, 덴마크, 아일랜드가 가입하며, 1981년에 그리스, 1986년에 스페인과 포르투갈이 참가하여 12개국이 되었다.[15] 1993년 11월 유럽연합조약(마스트리트 조약)이 체결되어 유럽시장 통합(사람, 물건, 돈이 자유롭게 이동할 수 있는 공동시장)도 완성되었다. 또한 1995년에 오스트리아, 핀란드, 스웨덴이 참가하여 15개국 총 3억 7,700 만명의 지역이 되었다.

또한 소련의 붕괴 이후 동유럽 국가의 EU 가입이 현저하게 되어 2004년에 에스토니아, 라트비아, 리투아니아, 폴란드, 체코, 슬로바키아, 헝가리, 슬로베니아, 몰타, 키프로스, 2007년에 불가리아, 루마니아가 더해져 2007년 현재 EU 회원국은 27개국이 되었다.

---

15) 관세동맹하에서는 상품의 자유이동이 보장되며, 공동시장하에서는 노동이나 자본과 같은 생산요소의 자유이동이 보장되고 있다. 아울러, 관세동맹이란, 복수의 국가가 관세에 관한 동맹을 체결하여, 동맹국간 서로의 수출품에 대해서 관세의 감면조치를 하는 한편, 동맹국 이외로 부터의 수입품에 대해서는 차별적인 공동관세를 부과하는 경제통합체를 말한다.

도표 Ⅰ-5 유럽 연합(EU)의 행보

1945년	제2차 세계대전 종결
50년	프랑스 슈맨 외무 장관이 석탄과 철강의 공동 관리를 제안(슈맨 선언)
52년	프랑스와 독일 등 6개국에 의한 파리 조약을 체결하고 유럽 석탄 철강 공동체가 발족
58년	로마 조약에 따라 유럽 경제 공동체(EEC)와 유럽 원자력 공동체가 설립되어 시장 통합의 행보가 시작
67년	유럽 석탄 철강 공동체(ECSC), 유럽 경제 공동체(EEC), 유럽 원자력 공동체(EAEC) 등의 3 공동체의 집행 기관을 통합하여 EU로 발족
73년	영국, 아일랜드, 덴마크 등 3 개국이 가맹하고 EU 최초로 확대화 일로에 접어 듬
81년	그리스 가입
86년	스페인, 포르투갈이 가입
87년	단일 유럽 의정서를 발효하여, 시장 통합의 달성 기한을 92년 말까지 정함
90년	동서독의 통일
93년	유럽 연합 조약을 발효하여, 유럽 연합을 발족. 통화 통합을 99년까지로 하되, 공통 외교를 명문화
95년	오스트리아, 핀란드, 스웨덴이 가맹하여 총 15 개국 체제가 됨
98년	수렴 기준(해당국의 인플레이션, 환율 상황, 정부 재정 수준, 장기 금리 등)을 마련해 유로의 도입을 추진
99년	전년도에 마련한 수렴 기준에 따라, 단일 통화 '유로'를 도입. 암스테르담 조약이 발효. 공통외교에 다수결제를 도입, 선행 통합 규칙을 신설
2002년	EU의 공통 화폐 인 유로의 동전과 지폐를 발행하여 유통을 시작
04년	에스토니아, 라트비아, 리투아니아, 폴란드, 체코, 슬로바키아, 헝가리, 슬로베니아, 몰타, 키프로스가 가맹
06년	EU의 최상위 도메인(TLD) '.eu'의 일반용 등록을 시작. 지역내 거주자라면 누구나 가입 할 수 있고 새로운 인터넷 공간의 창출과 인터넷에서 EU의 정체성 촉진을 도모한다.
11년	유로존은 동 년도에 에스토니아가 가입하여 17개국으로 된 3억 2600만 명의 거대 경제권이 됨

출처 : 저자 작성

Review & Discussion Questions

- 국제경제학은 무엇을 연구하는 학문인지 설명해 보시오.
- 다음은 국제경제의 연혁이다. 시대별 주요 사항을 중심으로 설명해보세요.
  (1) 팍스 브리타니카 :
  (2) 팍스 아메리카나 :
  (3) 다극화 시대(유류 파동 이후) :
- 국제화와 글로벌화는 막연하게 사용되는 경향이 있다. 서로의 차이를 서술해 보시오.
  (1) 국제화란 :
  (2) 글로벌화란 :
- 다음은 국제투자의 기준이 되는 3대 경제지표의 상관관계이다. 다음의 각 항목에 대해서 설명해 보시오.
  (1) 금리와 주가와의 관계 :
  (2) 금리와 환율과의 관계 :
  (3) 주가와 환율과의 관계 :
- 기술혁신과 기계의 발명은 산업혁명의 계기가 되어, 국제경제의 형성을 가져온 큰 요인이 되었다고 할 수 있다. 그 산업혁명이 국제경제의 형성과 확대화에 이르기까지의 경위를 설명해 보시오.
- 1929년 대공황을 초래한 요인을 서술한 후, 당시 세계경제에 미친 영향을 논해 보시오.

- 금본위제제도란 무엇인지 설명한 후, 이 제도의 문제점을 설명하시오.
- 금본위제제도의 연혁을 간략하게 서술해 보시오.
- 브레튼 우즈 체제란 무엇인가?
- 브레튼 우즈 체제 하에서 금본위제제도의 확립으로 예상되는 효과는 무엇인가에 대해서 논해 보세요.
- 브레튼 우즈 체제의 문제점에 대해서 논해 보시오.
- IMF는 국제수지의 균형을 유지하기 위해 트리핀(국제유동성) 딜레마의 극복방안을 제안하였다. 그 트리핀 딜레마는 무엇인지 설명하시오.
- 국제경제의 흐름 안에서 자국화폐와 외국화폐와의 적절한 가치평가를 놓고 고정환율제도에서 변동환율제도로 바뀌었다. 다음의 항목별로 그 내용을 설명해 보시오.
  (1) 그 경위 :
  (2) 변동환율제도의 장점 :
  (3) 변동환율제도의 단점 :
- 환율과 국제수지와의 일반적인 관계를 설명하시오.
  (1) 환율 상승의 경우 :
  (2) 환율 하락의 경우 :
- 환율의 변동요인을 설명하시오.
  (1) 단기 요인:
  (2) 중장기 요인:

- WTO의 목적, 주요 활동내용, 문제점 등에 대해서 논해 보시오.
- 오늘날에는 많은 자유무역협정이 있다. 다음 항목에 대해서 답해 보시오.
  (1) WTO체제 이후 FTA의 협상 대상별로 본 주요 변화는 무엇인가?
  (2) TPP가 일본의 경제와 사회에 미치는 영향으로 생각되는 것은 무엇인지를 자기 견해를 중심으로 논해 보시오.
    (a) 긍정적 인 영향 :
    (b) 부정적인 영향 :
- 지역경제의 통합을 목표로 하는 일반적인 발전단계를 설명해보시오.

제 2 장 국제경영론 입문

제 2 장
국제경영론 입문

국제경영학은 마케팅 관리, 재무관리, 생산관리 등을 중심으로 기업의 국제활동을 다루고 있음으로 관련 학문영역을 결정하기가 난해하다. 그러나 국제경영학의 주요 학문분야로는 기업의 해외진출 문제를 주로 다루는 다국적기업론, 기업활동을 주관하는 국가를 대상으로 하는 국제기업환경론 및 국제 간의 재화와 서비스 흐름을 다루는 국제상품시장론 등을 생각할 수 있다. 본 장에서는 무역의 제반 이론과 발생요인 즉 다국적기업론, 자본과 노동력의 국제이동, 글로벌시장전략의 선택요소 등에 대해서 서술하고 있다.

1. 무역이론

무역이론은 순수이론과 화폐이론으로 크게 나누어 생각할 수 있다. 전자는 무역에서 발생되는 이익, 교역조건, 무역형태를 성립시키는 구조를 규명하는 이론이다. 후자는 각국 통화 간의 환율, 국제수지의 구조조정 등이 초래하는 무역구조를 다루는 이론이다.

1) 자유무역론의 대두

(1) 영국의 반곡물법과 자유무역 조짐

12세기 영국에서 시작된 곡물법은 곡물의 수출입을 제한하는 과세법이었다. 이러한 맥락에서 형성 발전해 온 보호무역 입법은 1791년 이후 전쟁과 무역 금지령으로 인해 곡물가격을 상승하게 하였다. 1805~13년에는 흉년이 들어서 곡물가격의 상승세를 더욱 격화시켰다. 그런 가운데 1815년~22년에 이르러서는 곡물가격 변동이 심해지면서 보호무역 정책의 문제점이 두르러지게 나타났다. 결국 1845년 아일랜드 감자기근을 계기로 이듬해인 1846년에 곡물법은 폐지되었다. 곡물법의 폐지는 보호무역 정책을 옹호하는 지주와 대립관계였던 제조업자에게 힘을 실어주게 되어 자유무역의 분위기를 더 높이는 결과를 가져 왔다.

(2) 아담 스미스에 의한 국제분업론(절대우위론)

아담 스미스(A. Smith)는 "한 나라의 소득 증가는 국제분업에 의한 생산성 향상이 필수적"이라고 주장한다. 즉 각국은 생산에서 절대우위를 유지하고 있는 부문에 특화하면 생산력이 향상된다는 것이다. 그래서 스미스는 "각국은 자국의 특화상품을 타국의 특화상품과 교환하면 관련국 모두에게 부의 증가가 기대된다"고 주장했다. 따라서 각국에 무역이익의 극대화를 위한 시장규모의 확대와 국제분업을 고무시킬 자유무역제도가 바람직하다고 본 것이다.

절대우위론이라고도 하는 이 국제분업론은 예를 들면 영국이 직물을 생산, 프랑스가 와인을 생산하여, 상대국의 생산물과 교환하는 것으로 설명하였다. 각국에서 1단위의 제품을 생산하는 데 필요한 노동량을 보면 영국에서는 직물이 '10'이고 와인이 '20'이다. 한편 프랑스는 직물이 '20'으로 와인이 '10'으로 가정한다. 그것은 직물을 생산하는 영국은 '10'에 해당되는 작업량이고 되고, 프랑스는 '20'의 작업량이 필요하다는 것을 의미한다. 한편 포도주 생산에서는 영국이 '20'의 작업량, 프랑스가 '10'에 해당되는 작업량을 필요로 한다. 따라서 영국에서는 직물생산이 절대우위, 프랑스는 와인의 생산이 절대우위가 된다.

따라서 영국에서는 '20'만큼의 작업량을 투입하고도 1단위의 포도주 밖에 획득할 수 없기 때문에, 와인 생산에 해당되는 작업량을 직물생산에 대체 투입하면 2 단위의 생산량이 된다. 이 2단위의 생산물(직물)을 프랑스 와인과 교환하면 4 단위의 와인을 획득할 수 있게 된다. 마찬가지로 프랑스의 경우에는 직물의 생산을 포기하고 와인 생산에 집중하여 획득된 와인을 영국의 직물과 교환하는 것이 유리하다. 따라서 양국은 절대우위로 되어 있는 직물, 또는 와인의 전문생산 상대국의 제품으로 교환하여 전문 이전보다 많은 제품을 획득하게 됨으로, 전문생산(국제분업)에 의해 더 이익이 얻어진다.

그러나 이 이론은 노동의 동질성, 완전고용, 생산수단의 산업 간 자유이동 등이 전제조건으로 성립된다. 또 이 이론은 생산비를 둘러싸고 절대우위의 제품이 있는 나라와 없는 나라와의 무역구조를 설명하려면 상당한 한계점에 부딪히게 된다.

(3) 리카도의 자유무역이론(비교우위론)

리카도(D. Ricardo)에 의한 국제무역의 비교우위론은 절대우위론으로는 설명할 수 없는 문제점을 보완하여 주창한 것이다. 이 이론의 형성배경은 1815년 밀에 대한 가격이 하락했기 때문에 영국 의회가 수입 밀에 대한 관세율을 높인 것이다. 이처럼 높은 관세율에 반발한 영국 국민이 곡물의 수출입을 규제하는 '곡물법'에 대해서 불만을 갖게 되었다. 이러한 사회적인 흐름으로 리카도는 '싼 곡물가격이 자본의 이윤에 미치는 영향에 대한 고찰(Essay on the Influence of Low Price of Cone on the Profits of Stock)'에서 곡물법률에 문제를 제기하였다. 여기에서 리카도는 "수입곡물에 대한 관세 인상은 지주들의 지대 소득은 증가하지만 곡물 생산자의 이윤은 감소한다"고 강조했다. 결국 이러한 논조가 무역자유화를 재촉하는 요인이 되었다.

리카도의 비교우위론은 한 가지 제품을 생산할 때 다른 생산을 포기함으로 인하여 발생하는 비용이 나라마다 다르다는 것에 주목하고 있다. 이 이론은 절대우위론과 달리, 비록 자국이 타국에 비해 모든 제품이 절대우위 또는 절대열위에 있지만 상대적으로 효율성이 높은 산업에 특화하는 것으로, 양국 모두에 무역 수혜가 될 수 있다고 하는 것이다. 이러한 비용의 차이가 무역을 유발하며 무역의 필요성에 대한 설득력을 더하는 근거가 되고 있다.

이 이론의 요점은 스미스가 구성한 국제분업의 틀 안에서 각국은 무엇을 특화 분업하고 무역(수출 및 수입)을 하는 것이다. 리카도는 이러한 무역을 위한 교환요구사항을 비교우위론(Comparative Advantage Theory)으로 설명한다. 즉 이 이론은 무역이 가져 오는 이익을 획득하며 동일한 제품을 생산하고 있음에도 불구하고 국가 간 상대적 비교우위의 차이가 존재하기 때문에 무역이 필요하다고 주장하고 있다.

이 이론은 노동을 유일한 생산요소로 간주하고 있는 국가가 모든 제품에서 다른 나라와 비교해 효율적으로 생산할 수 있는 경우에도 국제무역이 성립하며 각국과의 거래를 두 나라와 두 제품을 가지고 설명한다. 예를 들면 A국에서 X제품과 Y물품 1 단위를 생산하는 데 필요한 노동량은 각 제품에서 10시간과 15시간이라고 본다. 한편 B국에서는 각 제품의 작업량이 9시간과 8시간이라면 B국은 X제품과 Y물품 모두가 절대우위가 되지만 상대적인 우위에 있는 Y제품을 주력 생산한다. 한편 A국에서는 X제품과 Y물품 모두가 B나라에 비해 열위되어 있지만, 상대적 우위로 되어 있는 X제품 생산을 주력으로 한다. 그렇다면 양국 모두는 상대적 열위로 되어있는 상품을 수입으로 충당하는 것으로, 모든 상품을 국내에서 자급자족하는 것 보다 더 많은 이익을 얻을 수 있다는 결론에 이른다.

한편, 비교 우위론은 [도표 Ⅱ-1]을 이용하여 설명할 수 있겠다.

도표 Ⅱ-1 각 상품 1 단위 생산에 필요한 노동량과 생산비용

[특화 전]			
	영국	포르투갈	생산액 합계
옷감	100 명 1 단위	90 명 1 단위	2 단위
와인	120 명 1 단위	80 명 1 단위	2 단위
[특화 후]			
옷감	220 명 $\frac{220}{100} = 2.2$	0	2.2 단위
와인	0	170 명 $\frac{170}{80} = 2.21$	2.125 단위

자료 : 저자 작성

이 표에서 '특화 전'을 보면, 포르투갈은 옷감, 와인 모든 제품이 영국에서의 작업량이 많지 않지만, 영국에서는 반대로 모든 제품이 포르투갈보다 많이 소요된다. 그렇지만 영국은 옷감에, 포르투갈은 와인에 비교우위를 가지고 있다. 따라서 양국은 이처럼 작업량에 해당되는 한정된 자원에 대해 비교우위가 있는 산업에 집중 전문 생산하여 그 상품을 수출을 하게 되면 양국 모두에게 유리하게 된다. 이것은 [도표 Ⅱ-1]의 특화 후의 생산량 합계를 보면 일목요연하다. 즉 옷감과 와인에 있어서 특화 전에는 각각의 생산액이 2단위였지만, 특화 후의 옷감은 2.2단위로, 와인이 2.125단위로 증가하였다. 따라서, 리카도의 비교우위론은 국제분업의 정당성을 추구한 비교우위 생산비설이며, 자유무역 관계국 모두에 유리하게 작용한다는 주장 하에 국제분업 및 무역에 관한 기초이론이라고 보았다. 실제로 이 이론은 무역의 기본적인 메커니즘을 처음 소개한 가치있는 것이라고 할 수 있다.

그러나 이 이론은 매우 단순화되어 있기 때문에 문제점이 적지 않다. 특히, 이 이론의 가설은 생산요소에 작업량 만큼을 고려하였으며, 게다가 자원의 양이 일정하다고 규정하고 있다. 또 완전고용과 제품의 동등한 교환유지가 대 전제로 되어 있다. 즉 두 나라와 두 제품의 하나의 생산 요소, 1 : 1 교환 등이 전제로 교환비율로 교역조건은 고려되어 있지 않다. 따라서 이 이론은 단순화된 정태이론에 머물러 가정이 바뀌게 되면 보다 더 다양한 결과가 나타난다는 것을 간과하고 있다. 또 오늘날 소비자 요구는 제품종류의 세분화를 더욱 필요로 하고 있다. 제품군 비교와 생산비 차이만으로는 무역의 발생요인을 설명하는 데는 한계가 있다고 본다.

그러나 비교우위론은 자국에서 생산된 제품이 외국에서 생산된 제품에 비해 생산비용이 상대적으로 저렴한 경우, 각국은 비교적 저렴하게 특화 생산된 타국과 무역을 실시하는 것이 유리하다고 어필하여 현대 무역이론에 미친 영향은 지대하다.

2) 오늘날의 무역이론

(1) 헥셔 · 오린 이론

리카도의 비교우위론이 가지는 문제점은 다음의 무역이론에 의해 보완되었다. 그 중 하나가 헥셔 · 오린(Heckscher–Ohlin) 모델이다. 이것은 왜 비교우위가 생성되는지를 규명한 것이나. 비교우위는 각국의 생산부존요소의 상대적 차이에 의해 발생하기 때문에 각국은 그 부존요소에 가장 적합한 생산물에 특화한다. 결국은 풍부한 부존요소를 보유하고 있는 국가는 그렇지 않은 국가에 비해 생산비용의 이점이 생긴다. 이것이 해외 생산자와의 차이 및 제품가격의 차이를 초래하여 국제분업 나아가서는 국제무역을 유발한다. 예를 들면 밀이 땅 집약적 제품, 섬유 제품이 노동집약적인 제품이라면 상대적으로 토지가 풍족한 미국에서는 밀 생산에 특화하며, 한편 노동력이 풍부한 중국에서는 섬유제품에 특화한다. 그리하여 양국은 자국에 맞는 특화제품을 수출하게 되어 무역을 유도하는 요인이 된다.

그러나 이러한 상품가격의 국제적인 비교생산비 구조는 항상 고정되어 있는 것이 아니다. 요소부존 상황 즉 노동력, 자본, 기술 등은 동태적이며, 비교생산비와 국제무역의 패턴은 끊임없이 변화한다. 이러한 변화는 노동집약적인 섬유제품의 수출변화에 잘 나타나 있다.

예를 들면, 과거 섬유산업의 주요 수출비교 우위 국이었던 태국이 중국으로 변환되었으며, 지금은 중국에서 베트남이나 방글라데시와 같은 나라로 대체되어 가고 있음을 들 수 있다. 이 변화의 원인으로는 각국의 노동비용의 변화(예를 들면, 임금 상승)에 따라 노동의 부존요소가 고정되지 않기 때문이다.

(2) 규모경제로 인한 무역효과

생산요소의 부존과 비교우위의 차이에 따른 무역요인은 오늘날 선진국 간의 무역 증가와 다국적기업 내의 무역 증가(예를 들면, 기업 내 거래)에 대해서 충분한 설명이 불가능하다. 이러한 문제점을 고려한 무역유발의 흐름은 규모경제 효과로 설명이 가능하다. 대규모 국내시장과 규모경제가 가능한 국가에서는 자본설비와 노동, 기술, 대규모의 산업발전을 위해서 유리하다. 즉 양산효과에 의한 우위성이 무역을 촉진하는 것이다.

(3) 기술우위론

새로운 생산공정 및 신제품 개발은 국제 간의 기술격차로 이어진다. 기술혁신이 가능한 국가는 타국이 혁신기술을 모방하여 타국에서도 자국과 같은 생산과 자급이 가능해지는 단계까지는 기술개발 국가 중심의 수출무역이 지속될 수 있다. 따라서 기술우위에 따른 수출은 기술개발국이 기술우위를 국제적으로 보유하고 있는 기간에 한정된다. 하지만 혁신은 끊임없이 이루어지는 연속성이 있기 때문에 무역은 계속된다고 본다.

3) 보호무역으로의 회귀

기존의 자유무역주의는 영국을 중심으로 한 선진국을 편애하는 이론으로 간주되었다. 18세기에서 19세기에 걸친 후발국이었던 독일과 미국의 경우에는 자유무역정책이 불리했다. 오히려 독일과 미국이 자국의 산업화를 진행하려면 어떤 보호무역정책이 필요했다. 국제 경제적인 맥락에서 보면 보호무역정책으로의 회귀는 각국과의 경쟁심화와 세계경제의 불황을 촉진하는 주된 요인이 되었다.

(1) 보호무역론자의 대두 -유치산업 보호론-

세계경제의 흐름은 보호무역의 흐름에 대한 반발로 인해 독일과 미국을 중심으로 보호무역론자가 태생한다. 주요 보호무역 주의자로는 미국의 해밀턴(A. Hamilton)과 독일의 리스트(F. List)를 꼽을 수 있다.

(a) 해밀턴은 미국의 초대 재무장관이었다. 그는 '공업보고서(1791년)'에서 각국은 제조업을 중심으로 한 자급자족이 바람직하다고 논하였다. 안정된 미래가 있는 공업의 발전을 위해서는 장려금과 보조금, 관세제도를 마련하는 정책적인 배려와 실시가 필요하다고 했다. 특히 보호관세는 외국과의 경쟁에서 자국의 제조업을 보호하고 외국기업 수준으로 육성하기 위해 빼 놓을 수 없는 요소이다. 따라서 해밀턴은 '유치산업 보호론(Infant Industry Argument)'에서 경쟁력이 열악한 자국의 산업을 육성하기 위해서는 보호정책이 불가피하다고 주장하였다.

(b) 해밀턴으로 부터 큰 영향을 받은 리스트는 '정치경제학의 국민적 체계(1841년)'에서 자유무역을 장려하는 고전파의 생각은 국가경

제력의 격차를 무시한 만민 경제학이라고 비판했다. 경제 · 통상 정책은 각국의 발전 단계별에 따라 차등을 두어야 할 것이다. 독일이나 미국과 같은 무역경쟁력이 약한 후발국가는 영국과 같은 레벨의 산업발전이 될 단계까지 자국산업의 보호, 즉 보호무역이 필요하다고 했다.

(c) 유치산업 보호론과 공업화 정책과의 관련성

해밀턴과 리스트가 주장하는 유치산업 보호론은 "잠재적으로 비교우위가 될 것으로 보이는 산업에서도 초기 발전단계에서는 국제경쟁력을 갖지 못하고 있다. 그 산업이 규모경제의 수혜가 있을 때까지의 회임(懷妊) 기간에는 보호를 받을 수 있도록 해야 한다"는 것이다. 여기에는 산업화에 따른 자국산업의 연관효과와 파급효과에 대한 큰 기대가 내포되어 있다. 따라서 유치산업 보호이론은 오늘날 개발도상국의 수입대체 공업화 정책 이론과 연관되어 사용되는 경향이 있다.

(2) 보호무역정책의 경과

(a) 보호주의(Protectionism)

후발국 정부는 국내시장에서 자국 생산품이 수입품과 경쟁력을 갖출 수 있도록 자국기업의 국제경쟁력을 높이는 제도를 마련 지원해야 한다. 이러한 지원의 일환이 되는 보호정책은 자국 생산자에게 어떠한 혜택을 주려는 배려라고 할 수 있다. 이러한 가장 전형적인 보호방법은 관세정책이다.[1] 이것은 수입품에 세금을 부과하여 국내 생산품과의 상대가격을 높여 수입 증가를 억제하려고 하는 것이다. 또한

---

1) 관세의 과세방법은 일반적으로 종가세(ad valorem basis)와 종량세(specific amount)가 있다.

관세정책은 재정수입을 목적으로 하는 경우도 있지만, 거의가 자국의 산업을 보호하기 위한 것이다. 궁극적으로는 보호정책에 의해 성장한 기업이 수출경쟁력을 높이게 함에 있다.

(b) 보호무역의 경과

보호무역이론을 배경으로 미국과 독일, 유럽 전체에 보호무역정책이 보급되었다. 미국은 남북전쟁(1861~65년)의 재원확보와 북부 공장의 이익을 확보하기 위해 높은 관세제도가 지속되었다. 일례로 평균 관세율을 50%나 증가한 1890년에 시행된 맥킨리 관세법(McKinley Tariff)을 들 수 있는데, 이와 같은 높은 관세정책은 제2차 세계대전 때까지 이어졌다.

한편 1870년대에 유럽 보호무역의 경향은 두 가지 요인이 있었다. 하나는 미국, 러시아에서 싼 곡물이 대량으로 유럽에 유입되었기 때문이었다. 다른 하나는 1873-79년의 대불황에 따른 것이었다. 이러한 보호무역의 흐름은 독일을 중심으로 프랑스, 이탈리아로 보급되어, 영국과 네덜란드를 제외한 많은 유럽 국가가 보호주의의 흐름으로 팽배하였다.

이러한 보호주의 목적은 보호무역제도를 도입하여 자국산업의 자립성과 경쟁력 확보에 있다. 이로서 보호무역제도는 지금까지 수입하고 있던 것을 국내생산으로 전환하는 수입대체 산업화론의 바탕이 되었다. 보호주의는 결국 자국에서 유치산업 보호 단계를 마련하여 자국의 산업이 외국산업과 경쟁할 수 있도록 하는 보호와 육성, 지원을 위한 것이다.

2. 다국적기업의 생성과 해외 직접투자

1) 다국적기업과 그 이론

(1) 다국적기업이란

다국적기업과 관련된 용어를 처음으로 언급하게 된 것은 1959년 크리와 디 시피오(G.H. Clee and A. di Scipio)로 거슬러 올라간다. 이들은 '국적을 초월한 경영이념으로 세계적 규모로 비즈니스 활동을 하는 기업'이라는 의미로, 세계적 기업(World Enterprise)이라고 정의하였다.[2] 1960년대에 들어 와서는 '다국적기업'[3] 혹은 '초국적기업(Transnational Firm)'[4]이라고 명명하게 되었다. 그리고 국제적기업(International Firm), 다국적제조기업(Multinational Production Enterprise), 초국적기업 글로벌기업(Global Corporation), 우주기업(Cosmo-Corporation) 등이 다국적기업을 대신한 용어로 사용되기도 하였다. 이러한 용어들은 국제화의 정도에 따라 국제기업, 다국적기업, 초국적기업 등으로 구분하여 기업의 글로벌화 발전과정을 나타내는 경우도 있었다.

한편 국제연합(UN)의 정의에서는 초국적기업(Transnational Enterprise)이라고도 한다. 또 국제연합은 다국적기업을 "자산확보, 판매활동, 종업원고용 또는 사업화 등에 따른 기업활동의 방식이 해외에 하나

---

2) Clee, G. H. and Di Scipio, Creating a World Enterprise, *Harvard Business Review* , Nov.-Dec 1959, pp.85-88.

3) Lilienthal, DE, Management of Multinational Corporation, in Anshen, MH, and Bach, G L.,(eds), *Management and Corporation* , New York, McGraw-Hill Book Company, 1960, p.119.

4) Kircher, DP, Now the Transnational Enterprise, *Harvard Business Review*, Mar.-Apr 1964, pp.6-11.

이상의 지점이나 자회사를 경영하는 기업"이라고 정의하고 있다. 또 다른 정의기준으로는 "특정 사업활동을 위해 여섯 개 이상의 자회사 수, 또는 기업의 매출액이나 자산 등의 해외활동 점유율이 25% 이상인 기업"을 다국적기업이라고 정의하기도 한다.[5)]

오늘날에는 일반적으로 다국적기업(MNCs: Multinational Corporations)이라고 명명하면서 다국적기업의 정의는 "여러 나라에서 경영활동을 하고 있거나, 기업이 여러 국가의 국민에 의해 소유되어 있거나, 아니면 최고 경영진이 어느 정도의 많은 국적소유의 사람들로 구성되어 있는가"라는 기준에 따라 규정하는 경향이 있다. 또 다국적기업은 매출이나 총 자산, 종업원 수가 해외시장에서 어느 정도 이상의 점유율을 차지하고 있는지에 따라 다국적기업이라고 규정할 수도 있다. 그러나 오늘날 다국적기업은 다양한 형태를 가지고 있기 때문에 일괄적으로 규정하는 데에는 많은 한계가 있다.

(2) 해외 직접투자와 다국적기업

제2차 세계대전 발발 전의 국제투자는 증권투자(Portfolio, 포트폴리오, 주식, 공사채 등) 중심으로 되어 있었다. 그렇기 때문에 당시에는 국제투자라는 것은 곧 증권투자라는 이미지가 강했다. 또 증권투자는 대출, 차입 나라의 국제수지와 물가, 소득수준 등에 어떤 영향을 미치는지가 주요 관심사로 되어 있었다.

그러나 제2차 세계대전 이후 부터 해외 직접투자의 증가가 현저해지면서 다국적기업론이 주목을 받기 시작하여 다국적기업론, 경영자원이론 등이 심도있게 다루어 지게 되었다. 다국적기업은 지점

5) United Nations, *Multinational Corporations in World Development*, New York, 1985, p.6.

(Branches)과 자회사(Subsidiary)로 구성된 한 곳 이상의 해외 국가 또는 지역에서 사업을 하고 있는 기업이라고 정론화되기 시작하였다. 이러한 흐름에서 다국적기업을 정의하기에 이르러 오늘날 해외투자를 하고 있는 기업은 대부분 다국적기업이라고 볼 수 있다.

다국적기업의 특징은 글로벌적인 시각에서 자사자원(경영, 노무, 특수기술, 전문가, 자금 등)을 활용하여 사업을 실시하고 있는 것이다. 다국적기업의 활약에 따라 오늘날의 무역 패턴은 국가와 국가 간의 무역에서 다국적기업의 모기업(Parent Rirms)과 자회사와의 무역이 대부분을 차지하며, 거래형태가 내부화(Internalization)된 다국적기업의 거래형태를 형성하고 있다.

다국적기업은 무역의 증가를 촉진하는 데에 머물지 않고, 피투자국에 노하우와 특허기술 이전에도 중요한 역할을 한다. 또한 오늘날의 해외 기술이전의 대부분은 다국적기업의 모기업 및 해외 자회사 사이에서 이루어지고 있다. 결과적으로 다국적기업이 각국 간의 기술 이전 및 교류에 주역이 되어 있다.

(3) 주요 해외 직접투자이론

여기에서는 주요 해외 직접투자이론으로서, "버논의 제품수명주기이론(Product Life Cycle Theory)[6]와 하이머[7], 킨들버거[8], 케이부즈[9]

---

6) Vernon R., International Investment and International Trade in the Product Cycle, Investment Trade, *Quarterly Journal of Economics*, May 1966, pp.190-207.

7) Hymer S. H, The International Operation of National Firms, *A study of Direct Foreign Investment*, doctoral dissertation, MIT Press 1960.

8) Kindleberger CP, American Business Abroad, Six Lectures on Direct Investment, Yale University Press, 1969.

9) Caves, R., International Corporations, The Industrial Economics of

등에 의한 독점적 우위이론(Monopolistic Advantage Theory), 니커보커에 의한 과점적 경쟁이론(Oligopolistic Reaction Theory), 러그만 의한 내부화 이론,[10] 더닝의 절충이론(Eclectic Theory)"[11]을 중심으로 다룬다.

(a) 제품수명주기 이론

새로운 제품과 기술개발을 촉진하는 기업은 개발 초기단계에서는 우위를 지니고 있지만, 그 중 후발기업이 관련 기술에 접근할 수 있다. 이것은 개발된 제품 고유의 당초 기술이 보유하고 장점을 서서히 잃어가는 것을 의미한다. 신제품이 개발되어 성장→성숙→쇠퇴의 단계를 거쳐 시장에서 점차 소멸해 간다. 따라서 신제품은 일련의 라이프 사이클을 그리면서 생성 발전되어 간다. 따라서 신진국을 중심으로 한 제품개발 기업들은 개발제품의 활용을 더 오래 지속 활용하기 위하여 해외 투자를 시도하는 것이다.

(b) 독점적 우위 이론

기업이 해외에 진출할 때 국내시장과 다른 리스크과 불리한 것을 어떻게 극복하느냐가 큰 과제이다. 기업이 해외 진출을 시도하는 것은 해외시장에서의 단점을 상회하는 메리트가 있다거나 잠재적인 장점을 개발할 수 있기 때문이다. 따라서 다국적기업은 해외진출의 메리트, 특히 해외시장에서의 독점에 의한 우위성이 있으므로 해외투자

Foreign Investment, Economica, 1971, pp.1~27.

10) Rugman AM, New Theory of Multinational Enterprise, Internationalization Versus Internalization, *Columbia Journal of World Business*, Spring 1980.

11) Dunning, JH, The eclectic Paradigm of International Production : A restatement and Some Possible Extensions, *Journal of International Business Studies*, 1988.

를 실행한다는 것이 독점우위이론이다. 이러한 메리트를 기반으로 하는 해외진출 요인으로는 다음과 같은 것을 생각해 볼 수 있다.

- 생산면에서의 우위(매수, 해외기업의 배제)
- 마케팅의 메리트
- 규모경제 효과
- 현지 정부의 우대정책

(c) 과점적 경쟁 이론

시장이 과점상태에서 활동하는 기업은 세계시장 점유율 확대를 위한 경쟁기업의 동향을 파악하는 경향이 있다. 이것이 기업의 해외진출요인이라고 생각한 니커보커(FT Knickerbocker)는 밴드 웨건(Band-Wagon) 효과에 주목했다.[12] 밴드 웨건 효과란 경쟁기업이 해외진출을 수행하면 진출하고 있지 않는 다른 경쟁기업들이 해외시장에서의 점유율이 하락할 것으로 추측되어, 이미 해외진출한 기업을 서둘러서 뒤쫓는 형태로 해외투자를 도모하는 것을 말한다.

(d) 내부화 이론

신제품을 개발한 기업이 해외기업에 라이선스(License) 제공에 의한 기술의 국제적인 거래는 불안정하고 비용이 많이 든다. 따라서 다국적기업은 해외 자회사와 거래를 주도하여 내부화(Internalization)함으로 인해 자사의 기술유출 방지 및 비용절감을 도모한다. 즉 다국적기업이 해외와의 거래를 추진할 때, 해외 자회사와의 거래에 한정하는 이른바 기업 내 거래를 추구하는 경향이 많다는 것에 주목한 것이 내

---

12) Knickerbocker, FT, Oligopolistic Reaction and Multinational Enterprise, Harvard University, Boston, 1973.

부화 이론이다.

(e) 절충 이론

더닝의 절충 이론은 독점우위 이론과 내부화 이론을 통합한 이론이다. 절충 이론에 따른 해외 직접투자 요인에는 기업특유의 우위와 입지우위, 내부화 우위 등이 있다고 본다. 절충 이론은 기업이 해외투자를 감행하기 위해서는 이러한 세 가지의 우위요소를 충족하는지에 주목하고 있다.

다국적기업은 다른 기업에 비해 특수 무형자산을 중심으로 하는 소유권의 장점이 있다. 그리고 이 소유권 우위를 타인에게 판매 또는 대여를 하는 것보다 자사 만의 활용이 더 효과적인 경우 해외진출을 도모한다. 즉 다국적기업은 투자대상 국가도 자사의 우위를 유지하는 경우에만 해외 직접투자를 한다고 본다.

(4) 기존의 해외 직접투자의 형태와 오늘의 다국적기업

19세기 중반부터 세계경제를 주도한 팍스 브리타니카(Pax Britanica) 시대에는 다국적기업의 해외진출과 투자형태가 오늘날에 비교하면 많이 달랐다. 즉 이 시대의 다국적기업의 투자대상은 주로 식민지 지배국이었다. 그 당시의 다국적기업에 의한 해외진출은 현지생산 중심이 아니라 오로지 식민지 통치의 유지 및 확대를 위한 것이었다. 이것은 제조업 관련 투자보다는 공사채에 대한 간접투자에 가까웠다고 볼 수 있다. 따라서 당시의 다국적기업은 오늘날과 같은 해외 생산 및 판매를 위한 해외 직접투자와는 다르다고 할 수 있겠다.

한편 팍스 아메리카나 시대였던 20세기 전반부터의 미국기업의 해외진출 형태는 처음부터 직접투자가 메인이었다. 그러나 초기 투자형태는 캐나다와 중남미의 광물과 석유 등 자원개발형 투자가 많았다. 미국의 다국적기업은 제1차 세계대전 이전부터 해외 현지에서 생산 활동을 중심으로 하였다.

나아가 오늘날의 다국적기업은 국제경제의 발전에 큰 영향을 미치고 있다. 이것은 다국적기업이 많은 해외시장을 대상으로 한 제품의 생산과 판매를 실시하고 있는 것과 밀접한 관계가 있다. 예를 들어, 피 앤드 지(P&G)사가 세계80개국의 관련 회사를 통해 세제, 샴푸 등 일상 생활용품을 판매하며 소비자의 대다수가 많은 국가에 널리 퍼져 있는 것을 들 수 있다. 또한 도요타 자동차가 각국의 자회사를 통해 모든 국가에서 자동차판매와 현지생산을 한다. 우리는 외국의 많은 다국적 기업과 접하면서 일상생활을 영위하고 있다.

또한 오늘날 다국적기업에 의한 해외투자는 거래형태와 무역의 다양화를 초래하며 무역 증가를 촉진하는 주요 요인이 되고 있다. 이러한 다국적기업에 의한 해외투자의 형태로 해외에 자회사를 설립하는 형태가 가장 많다. 특히 해외 자회사의 설립목적은 특히 현지기업으로서의 장점(예를 들면, 현지생산)을 살리기 위함이다.

아울러 사업의 글로벌화는 무국경화를 촉진하고 다국적기업의 본국(본사)의 국적을 모호하게 하고 있다. 그 원인은 다국적기업이 현지화 전략의 일환으로 가능하면 국적을 밝히기를 꺼려하기 때문이다. 따라서 소비자들은 물품 구입시 원산지를 중시하는 경향은 있지만, 제조기업의 본사의 국적은 그다지 신경 쓰지 않는다. 예를 들면 타이어 메이커로서 유명한 '브리지 스톤'인 경우에는, 제조기업의 본국이 일본이라고 인식하며 구매하는 소비자는 적을 것이다.

2) 해외 직접투자

(1) 해외 직접투자의 요인

페이어웨더(J. Fayerweather)에 의한 국제무역이론은 다국적기업의 경영자원을 전통적인 생산요소인 입지조건, 인재, 노동력의 세 가지 요소에 기술, 경영 노하우, 사업화 능력을 덧붙였다.[13] 그런데 이러한 제반 요소는 국가 간에 자원의 수요와 공급의 차이가 발생하기 때문에 다국적기업의 자원이 국제이동을 촉진하는 요인이 되고 있다. 따라서 페이어웨더는 경영자원의 국제이동에 따라 해외에서의 비즈니스 기회가 늘어나는 것이 해외 직접투자의 요인이 되는 것으로 논하고 있다.

일반적으로 성장과정에 있는 기업에게는 온갖 비용이 들지만 성장과정은 생산의 효율성, 조직능력, 판매력 등의 향상으로 연결되어, 자사의 경영자원으로 축적된다. 다국적기업은 축적된 경영자원이 국경을 넘어 활용될 수 있도록 해외 직접투자를 통해 이익의 극대화를 도모한다. 즉 경영자원은 한계생산력이 낮은 지역에서 높은 지역으로 이동하는 경향이 있다.[14] 이러한 경향이야 말로 해외 직접투자의 요인이라고 할 수 있다.

그러나 현지정부의 정책은 자유경제력에 의해 결정되는 자원수급의 차이를 왜곡시킨다. 따라서 다국적기업은 적절한 비즈니스 기회를 찾기 위해 이동자원의 유형, 투자국가의 선정, 이동방법의 선택 등을 고려하여 자사의 전략을 수립하게 된다. 즉 국가간의 자원차이, 현지

---

13) Fayerweather, J., Host National Attitudes toward Multinational Corporations, 1982.

14) 한계 생산력이란, 생산 요소가 증가하면 생산량도 증가한다는 것이다.

정부의 정책, 자사의 특성과 경영자원의 상황 등의 세 가지 요소가 국제자원이동의 주요 관건이 된다.

또 이 이론은 다국적기업의 자원이동이 국내기업의 자원 이동과는 다르다고 주장한다. 즉 다국적기업은 글로벌 차원에서의 전략으로 국가 간 자원의 차이에 주시하면서 정부의 제한이나 우대정책을 중시한다.

덧붙이면 이 이론은 기술적인 독점력의 존재가 경영자원의 한계생산성에 큰 영향을 미치는 것은 분명하지만, 그것이 해외 직접투자의 중요한 요소는 아니라고 보고 있다. 동일 분야에서의 국가간의 평균 수익률보다 투자국가의 평균 이익률이 더 낮음에도 불구하고 경영자원의 차이로 인해 많은 수익을 얻을 수 있다면 직접 투자를 시도하게 될 것이다.

그러나 이 이론은 기업의 독점적 요소를 제거하는 것은 아니다. 또 다른 생산요소의 존재 여부, 무역장벽, 세제상의 차이, 통화가치의 차이 등 해외 직접투자에 미치는 영향을 부정하고 있지는 않다. 결국 이 이론에 주목해야 할 점은 이러한 요소가 존재하지 않음에도 불구하고 해외 직접투자는 다국적기업의 국가 간 경영자원의 분배과정에서 발생한다고 주장하고 있다.

(2) 해외 직접투자의 형태

다국적기업이 직접투자를 통해 해외에 진출하는 방법은 일반적으로 합작방식과 완전자회사방식인 두 가지로 생각할 수 있다. 전자는 현지기업과의 제휴에 의한 진출방법이며, 후자는 본사 중심의 현지자회사 설립에 의한 진출방법을 말한다. 다음의 [도표 Ⅱ-2]는 이들의 장단점을 나타내 보이고 있다.

도표 Ⅱ-2 해외 진출 형태별로 본 장단점

	합작(Joint Venture) 투자	단독 투자
장점	▪ 자본의 절약(예를 들면, 해외 파트너가 부지 제공) ▪ 인적 자원 절약(해외 파트너의 인재 활용) ▪ 현지 사정 파악과 현지인 와의 교제에 유리하며, 현지 적응이 용이하고, 원활한 이문화 경영이 가능 ▪ 현지 파트너 기업으로의 기술 이전 효과로 현지 국가에서의 호평	▪ 자사 고유의 기술 유지가 가능 ▪ 자사 중심의 독자적인 경영과 경영권 유지 ▪ 자사의 기술과 영업 비밀의 유지가 가능 ▪ 많은 수익 획득량
단점	▪ 파트너와의 의견 조정의 난항으로 의사 결정이 지연될 우려가 많음 ▪ 파트너로 부터 부적절한 협력을 강요받거나, 파트너의 능력 부족시에는 불안정한 경영을 초래 ▪ 경영권의 조정이 곤란	▪ 현지 적응화에 많은 시간이 소요 ▪ 원활하 문화 경영이 어려움 ▪ 현지 정부와의 정책적 협상이 곤란 ▪ 현지에 정보 누출

출처 : 저자 작성

(3) 직접투자를 촉진하는 투자자 요인과 피투자자 요인

해외 직접투자요인은 투자국가의 다국적기업 측의 투자국의 코스트 푸시(Cost Push) 요인과 현지 투자유치국 측의 디맨드 풀(Demand Pull) 요인으로 나누어 생각할 수 있다.

(a) 일본 본국에서 해외로의 푸시 요인과 투자 흐름

- 투자국인 일본의 통화가치가 높을 때(이른바 엔고)가 푸시 요인이 된다. 특히, 1985년 플라자 합의 이후 엔고로 해외생산을 목표로 한 직접투자가 급속히 증가했다.

- 일본 노동시장의 임금이 높기 때문에 해외진출이 증가한다. 노동집약적 산업을 중심으로 생산비용이 싼 중국, 베트남 쪽의 현지 생산거점 형태의 직접투자가 늘어나고 있다.
- 노동집약적 산업 중에서 가공조립형 기업의 기초공정, 섬유산업, 봉제업종 등을 중심으로 해외투자가 이루어진다.
- 모기업의 해외진출에 따라 모기업 하청 일이 많은 중소기업의 진출이 증가하고 있다.
- 선진국과의 무역마찰에 대한 대응책으로 현지생산을 목표로 하는 해외투자 형이 있다. 예를 들어 1980년대에 일본 자동차의 대미수출 급증이 발단으로, 미-일 무역마찰이 생겨 그 대응책으로 일본 자동차업체는 미국에 본격적인 진출을 도모한 것을 들 수 있다.
- 다국적기업의 글로벌 전략의 일환으로 해외투자를 실시한다.
- 투자유치국의 발전에 따른 현지시장의 확대에 따라 현지 내수시장을 타킷으로 하는 외국인 직접투자가 증가하는 경향이 있다(예를 들면, 중국과 인도의 내수시장형 투자).

(b) 해외 현지(투자유치국)의 풀 요인과 흐름

- 개발도상국 정부가 수출지향 공업화 정책의 일환으로 외국자본을 도입하여 수출산업화를 추진하고 경제발전을 도모한다. 따라서 외자우대정책(Incentives)이 풀 요인이 된다. 이러한 우대정책 조치의 전형적인 예는 보세가공(Bonded Factory), 수출가공구(EPZ) 설치, 법인세 면제와 같은 세제혜택 등이 여기에 해당된다.

- 피투자국의 양질의 노동시장의 존재, 특히 외국자본이 노동집약적 공정을 현지에 설치하는 경우, 해외투자를 유치하는 중요한 풀 요인이 된다.
- 해외 직접투자 현지에 유치하려면 정치 및 사회적인 안정이 풀 요인이 된다. 한편 현지국가의 분쟁, 종교 및 문화적 갈등 등은 풀 요인의 마이너스 요소가 된다.

(4) 투자유치국의 발전 효과

(a) 고용창출 효과

다국적기업의 투자대상이 개발도상국인 경우에는 주로 노동집약적 산업이 많다. 예를 들면 투자유치국인 방글라데시의 의류공장과 수출가공구역 등이 여기에 해당된다. 이럴 경우 투자유치국의 공장과 수출가공구역에서 자국의 노동자를 활용하여 기성복을 생산하게 된다. 따라서 방글라데시의 고용효과는 적지 않다.

(b) 기술이전 효과

〈직접효과〉

- 요소기술 이전(예를 들면 장비기계, 작업 노하우, 보전 기술)
- 일본식 관리기술 이전

  노무관리: 연공서열제와 종신고용제의 도입

  생산관리: 품질관리(QC) 서클, 통합적 품질관리(TQC)

  구매관리: Just In Time, 하청기업의 육성, 부품조달

  판매정책: 국제 마케팅 노하우

〈간접효과: 외부경제 및 기술유출(Spill Over)**〉**

- **관련 산업으로의 기술이전 효과:** 파급 · 연관(Linkage) 효과
- **부품 및 소재를 하청업체에 발주:** 주변 관련산업(Supporting Industries)의 육성과 발전

(5) 현지국가에 불리한 발전 효과

(a) 이전가격과 끼워 팔기 조항(Tie in Clauses)

- 이전가격(Transfer Pricing) 문제[15)]
- 모기업(투자국 기업)이 현지 자회사에게 본국에서의 부품 · 소재의 구입을 요구

(b) 현지화의 지연

- 중요한 경영의사결정은 본국에서 한다.
- 본국에서 현지국가에 부품을 수출하기 위하여 현지국가는 조립공정에 머무르게 하여 단순한 생산공정의 공장이전에 불과하다. 따라서 현지 조달비율을 높이고 현지기업에게 기술정착이 되도록 요구되고 있다. 한편 실제적인 문제로서는 현지국가의 기술발전의 지연요인에는 기술이전을 기피하는 선진 투자본국의 책임과 함께 현지국가의 기술흡수능력도 문제이다. 현지인의 관리부서에 종업원 채용권한, 직무권한 등의 이양에 대해서 소극적 태도를 보임으로 인사 현지화가 지연되는 경향이 있다.

(c) 현지국 기업의 도산에 의한 실업 증가(예를 들면 중국의 국영 기업)

---

15) 이전가격이란, 모회사와 해외 자회사 등의 관련 기업 간의 거래에 적용되는 판매가격으로, 모기업은 현지기업의 수출가격은 높게 설정하며, 현지기업에서 투자 본국으로의 수입가격은 저렴하게 설정하는 경향이 있기 때문에 현지국가에 있는 기업의 이익배분이 적어지게 하는 가격책정 구조를 말한다.

(6) 해외 직접투자와 무역

해외 직접투자는 무역에 큰 영향을 미친다. [도표 Ⅱ-3]에서는 이러한 영향들을 나타내고 있다.

도표 Ⅱ-3 직접투자가 무역에 미치는 영향

	해외 직접투자가 초래하는 거래형태의 변화와 무역에 미치는 영향	투자국이 일본인 경우, 일본의 무역량에 미치는 영향
수입대체 효과	종래까지 일본으로 부터 수입에 의존한 제품들이 직접투자를 통해 현지 생산으로 대체	일본의 수출이 감소
역수입 효과	해외 자회사의 현지 생산품이 본국으로 유입	일본의 수입이 증가 무역수지는 적자 경향
수출유발 효과	현지생산 증가에 따라 본국의 자본재, 중간재 등이 현지국가로의 수출이 증가	현지 조달이 적은 단계에서는 일본에서의 수출이 많지만, 현지조달이 증가하면 일본의 수출이 감소
시장 확대 효과	해외 생산거점 확대로 현지시장에서의 수요 확대	일본의 수출 증가
투자국으로 부터 우회 수출 효과	해외 생산거점에서 제3국으로 수출 증가	제3국으로의 수출 증가로, 종래까지의 일본에서의 수출이 해외 생산거점으로 부터의 수출로 전환
수출 촉진 효과	상업, 유통부분의 투자로 수출 증가	일본으로 부터의 수출 증가

출처 : 저자 작성

(7) 무역형태의 변화

오늘의 무역형태는 과거처럼 원료와 제품의 수직분업형의 무역이 감소하는 한편 제품간의 무역형태인 수평분업형의 무역이 증가하고 있다. 이러한 무역형태의 변화는 앞에서 언급한 바와 같이 해외 직접투자, 다국적기업이 초래한 영향이 크다. 이른바 다국적기업 내부간의 분업형의 무역이 많아진 것에 주목할 필요가 있다.

또한 해외 직접투자는 개발도상국의 산업발전을 촉진하는 하나의 요인이 되고 있다. 특히 다국적기업의 현지 자회사가 소재 · 부품의 수입의존체제에서 탈피하여, 해외 현지조달비율을 높이기 위하여 현지국가의 주변 지원산업(일종의 하청 업체)에 기술이전을 유도한다([도표 Ⅱ-4]를 참조). 실제로 기술이전 효과가 현지 국가(주로 개발도상국)의 공업화 발전에 중요한 역할을 하고 있다.

도표 Ⅱ-4 산업발전과 소재 · 부품의 조달과정

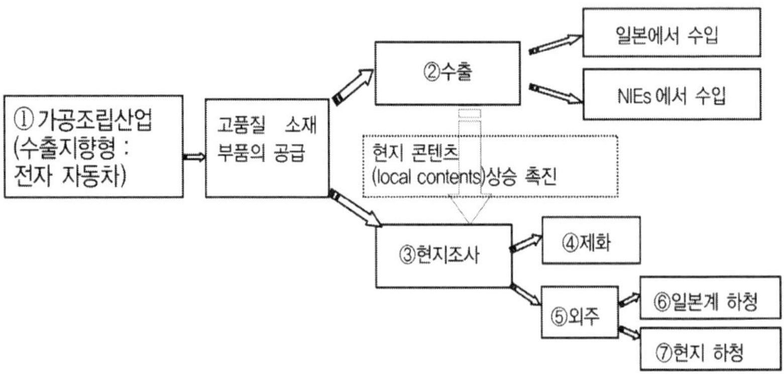

자료 : 岩城剛, 「공업화 전략과 경제 발전」, 『상학 연구』, 제45권 제1 · 2호, 愛知学院大学, 2004년, p.200를 근거로 저자 작성

3) 일본의 해외 직접투자

(1) 일본의 해외 직접투자 동향

(a) 연대별 동향

세계 해외 직접투자는 다국적기업을 중심으로 계속적으로 증가하는 경향이 있다. 그런 가운데 일본 기업의 해외 직접투자는 1967년 자본자유화를 계기로 본격화했지만 당시의 투자는 자원확보형이 많았다. 그리고 1970년대는 현지 국가의 수입대체 공업화에 따른 외자우대로 인해 직접투자가 중점적으로 이루어졌다. 1980년대는 일본의 무역수지가 엄청난 흑자화로 인한 국제적 비판을 고려한 그 대응책으로서 무역장벽 극복형의 해외 직접투자를 많이 볼 수 있었다. 아울러 1985년경부터는 아시아를 중심으로 한 해외 생산거점형 투자가 현저하게 나타났다. 그리고 1990년대에는 ASEAN 국가를 중심으로 현지생산형 투자가 많아졌다. 그러다가 2000년대에 들어 와서 부터는 중국, 인도, 베트남을 중심으로 현지생산을 목표로 하는 직접투자가 많이 이루어지고 있다.

(b) 지역적인 분포

1990년까지의 일본의 해외 직접투자는 북미지역 투자가 가장 많았다. 그 후 2000년경부터 중국, 중동, 아프리카 지역으로의 수출이 급증하고 투자대상도 전세계로 널리 퍼졌다([도표 Ⅱ-5] 참조).

도표 Ⅱ-5 일본의 국가 · 지역별 대외 직접투자

(단위 : 100 만 달러)

	1995	2000	2005	2008	2010	2011
아시아	8,447	2,132	16,188	23,348	22,131	39,492
중국	3,183	934	6,496	6,496	7,252	12,649
북미	9,411	14,176	13,168	46,046	9,016	15,166
중남미	na	3,982	6,402	29,623	5,346	11,287
오세아니아	na	282	943	6,060	6,407	8,767
서구	3,297	10,950	7,509	22,418	14,450	39,213
동유럽·러시아 등	na	166	721	650	593	628
중동	.	△42	542	1,138	△348	716
아프리카	na	△192	25	1,518	△372	464
전 세계	22,651	31,534	45,461	130,801	57,223	115,732

주 : '△'는 인양 초과를 나타낸다.

출처 : JETRO의 HP에서 발췌, 2009년 11월 12일 및 2012년 12월 29일 검색)

(c) 업종별 해외 직접투자

종래까지의 일본의 해외 직접투자는 제조업 중심의 투자가 현저했었다. 그것은 일본의 중추산업 분야라고 하는 자동차 부분의 '수송 기계기구', '전기 기계기구'가 직접투자에 많은 부분을 차지하고 있기 때문이다. 그러나 오늘에 이르러서는 제조업 부문보다 도 · 소매업과 금융 · 보험업을 중심으로 한 비제조업 부문의 점유율이 더 많아지고 있다([도표 Ⅱ-6] 참조). 이러한 흐름에서 볼 때 일본 기업의 국제화는 제조 분야에 머물지 않고, 서비스 산업의 국제화도 상당히 진행되어 있다고 할 수 있다.

도표 Ⅱ-6 일본의 업종별 해외 직접투자

(단위 : 100 만 달러)

	2005년	2007년	2008년	2009년	2010년	2011년
제조업	26,146	39,515	45,268	32,934	17,803	57,952
식료품	1,685	12,776	3,601	8,954	2,017	8,149
섬유	416	371	716	477	377	672
목재 펄프	826	745	734	1,207	1,068	1,268
화학 의약	3,363	3,744	11,647	7,407	7,902	19,618
석유	531	△ 280	652	△ 51	△ 837	216
고무 피혁	831	835	771	445	634	715
유리 · 토석	258	837	1,417	2,042	377	1,325
철 · 비철금속	1,331	2,202	3,152	3,738	3,873	5,017
일반 기계기구	1,296	2,642	3,726	4,411	4,385	5,655
전기 기계기구	4,377	4,691	5,675	2,505	1,361	7,334
수송 기계기구	8,611	8,671	10,924	566	△3,582	4,132
정밀 기계기구	1,419	1,293	953	609	51	2,791
비 제조업	19,315	33,968	85,533	41,717	39,420	57,780
농 임업	23	93	59	10	145	250
어업 수산업	△ 44	64	119	36	47	△7
광업	1,372	4,053	10,518	6,482	9,061	16,477
건설업	148	490	389	499	302	436
운수업	824	2,133	2,283	2,894	2,294	1,606
통신업	1,712	△ 331	1,675	3,870	9,899	△1,799
도소매업	4,623	4,792	13,319	8,418	1,946	12,407
금융 보험업	9,227	19,458	52,243	15,463	11,397	19,111
부동산업	△ 851	162	162	463	765	2,447
서비스업	1,086	1,406	2,721	2,163	1,596	4,022
합 계	45,461	73,483	130,801	74,650	57,223	115,732

참고 : '△'는 인양 초과를 나타낸다.
출처 : JETRO 의 HP 에서 발췌, 2012년 12월 29일 검색)

(2) 해외직접 투자가 일본(투자국) 경제에 미치는 영향

일본 기업의 해외투자 특징은 전기기계 및 수송기계를 중심으로 이루어지고 있어서 이러한 분야의 산업공동화가 현저하게 나타나고 있다. 해외 직접투자에 따른 산업공동화는 국내고용의 감소를 초래하는 한편 개발도상국 중심의 피투자국으로의 기술이전이 이루어져 일본 본국과의 기술격차가 줄어든다. 따라서 일본 기업의 기술중심의 수출 경쟁력이 떨어져 수출 감소로 이어진다. 또 생산거점의 해외 이전은 노동집약적 산업의 고용기회 감소로 이어져 단순노동자, 파트 타임 등 고용이 줄어든다.

이상과 같은 흐름으로 보면, 해외 직접투자는 일본 국내의 기업에게는 불리한 상황에 다다라야 하지만 여전히 수출산업이 건재하는 것은 또 다른 의미에 주목할 만하다. 한편 엔고현상은 해외 직접투자를 촉진하는 직접적 원인이 되지만, 그 이점으로는 저가 수입품의 증가 현상이 물가안정으로 이어져 실질소득 증가가 될 수 있다.

도표 Ⅱ-7 엔고의 영향과 중소 제조업

	중소기업에 미치는 영향
엔고의 영향	**수출 가격 경쟁력 저하** ▪수입 가격 하락에 따른 수입 증가, 저렴한 수입 제품의 증가로 내수 확대
기업에 미치는 영향	**노동 집약 산업 중심의 구조 조정과 합리화 촉진, 고용 조정** ▪기업 비용이 저렴한 해외로 전환(직접 투자) ▪해외로부터의 수입품(원자재, 부품, 제품)이 저렴하기 때문에 국내산 제품과 대체
하청 중소기업에 대한 2차적 영향	**하청기업 및 관련 업체에 납품 가격 인하 압력** ▪모기업이 해외로 이동함에 따라 국내 하청 기업에 발주 감소 ▪모기업이 부품 소재의 해외 조달을 늘림으로 중소기업형 생산 시장 축소

출처: 저자 작성

해외 직접투자는 종래까지 많았던 수출제품이 점차 수입품으로 대체되어 무역 패턴의 변화(수출 감소, 수입 증가)를 가져옴과 동시에, 중소기업에 미치는 영향은 작지 않다. 이러한 변화 속에서 엔고, 모기업의 해외진출, 산업공동화 등이 중소기업에 미치는 영향을 주시해 볼 필요가 있다(하청형 중소기업에 미치는 자세한 내용은 [도표 Ⅱ-7] 참조). 특히 여기에서는 노동집약적 산업에 상대적으로 유리한 중소기업의 생산품이 가격중심의 경쟁체제에 떠밀려 수출경쟁력을 잃는 경우가 많다. 또한 수입품과의 가격경쟁력 저하는 국내 생산점유율을 저하시키는 큰 요인이 되고 있다. 결과적으로 엔고는 해외투자의 증가와 더불어 노동집약적 생산품을 중심으로 투자국의 수출 감소, 수입 증가가 불가피하다. 그러나 일본의 경우는 기술집약적 산업 중심의 수출구조가 정착하면서 수출량 감소로 직결되지 않는 구조에 주목할 필요가 있다.

3. 국제자본과 국제노동력 이동

1) 국제자본 이동

(1) 자본이동의 형태

국제자본이동(International Capital Movement)은 국제투자의 흐름 안에서 생각해 볼 수 있다. 우선 국제투자를 이해하기 위해서는 [도표 Ⅱ-8]과 같이 유형별로 구분해 볼 필요가 있다. 먼저 국제투자는 장기투자와 단기 투자로 나누어 지며, 장기투자는 직접투자와 간접투자로 구분된다. 직접투자는 일반적으로 해외진출이라고도 하며, 기업이 해외에 진출하여 현지 기업경영에 직접 관여하는 자본투자이다. 직접투자는 투자국기업의 자본이동에 따라, 경영, 판매, 생산 등의 이동이나 기술이전과 함께 노동력의 이동도 수반되는 것이다. 또 간접투자는 증권투자와 환율투자 등을 말한다.

한편 직접투자는 투자방법에 따라 각각의 특징을 비교해 볼 필요가 있다. 여기에 직접투자는 신설투자와 현지기업의 인수・합병(Mergers and Acquisition: M & A)으로 나누어 진다. 그리고 신설투자는 다국적 기업이 모기업으로서 현지국가에 100% 출자한 자회사형태와 현지기업과 공동출자하는 합작기업(Joint Venture)형태가 있다.

도표 Ⅱ-8 국제투자의 유형

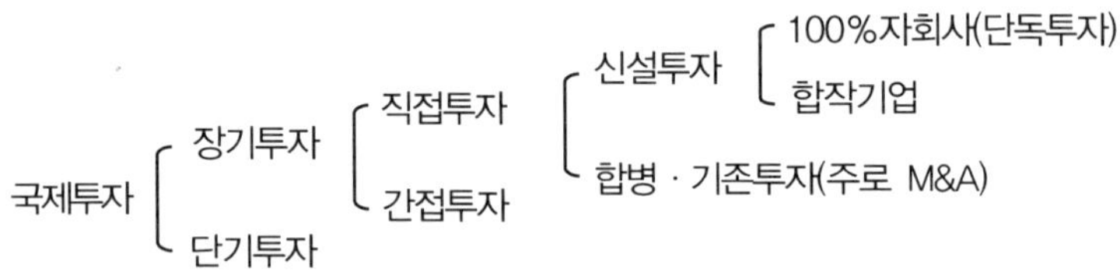

자료 : 저자 작성

(2) 국제투자 요인과 초기 투자환경

국제투자를 유발하는 요인은 전술한 바와 같이, 푸시 요인 및 풀 요인으로 나누어 생각할 수 있다. 먼저 푸시 요인으로는 국내저축이 증가하고 투자자금에 여유가 있는 국가의 출현이다. 또 국제투자가 원활하게 진행될 수 있는 제도와 자본시장의 형성 등도 빼 놓을 수 없다. 그리고 풀 요인으로는 투자유치국의 정부가 자국의 경제발전을 위해 외자를 우대하는 정부의 정책적 배려가 무엇보다 중요하다.

국제투자가 시작된 것은 19세기 나폴레옹 전쟁(1810~20년) 이후였다. 당시의 국제투자의 배경이 전쟁이 끝난 후 유럽에서 중산층 출현에 따라 저축률이 높아진 것과 은행이나 투자기관 등의 투자제도가 정비되어 투자의 안전성을 높였기 때문이다.

그 당시의 주요 투자국가로는 영국과 프랑스이며, 이후 독일과 미국이 합세하였다. 한편 주요 투자유치국은 러시아, 발칸(Balkan) 국가, 그리고 미국, 호주, 아시아, 아프리카였다. 또 19세기 후반 영국의 경우에는 식민지를 중심으로 투자를 받아들였다. 투자상황의 특징을 보면 정부대출, 건설업, 제조업, 1차 산업에 치중되어 있었다. 특히 미국에서는 철도건설과 자국의 우량기업이었던 US Steel사와 GE사 등에 투자가 집중되었다.

일련의 국제투자는 투자유치국에 대한 수출능력 향상, 소득 증가, 기술이전 등을 가져왔다. 하지만 식민지에 대한 국제투자는 현지국가를 착취하기 위한 방편이 되어, 왜곡된 경제구조를 고착화하였다.

2) 국제노동력 이동

노동력이동은 단순한 인구이동과는 다른 관점에서 고찰해야 하지만, 노동력이동 및 인구이동을 명확하게 구분하는 데에는 한계가 있다. 노동력의 이동은 더 좋은 주거환경을 위한 움직임 아니라 더 좋은 일터를 찾아 이동하는 것이다. 즉 그런 의미에서의 인구이동은 국경을 넘어 더 좋은 노동환경을 찾아 가는 이동이 주된 요인이라고 할 수 있다. 여기에서는 인구이동의 관점에서 노동력이동의 문제를 서술하기로 한다.

(1) 국제노동력 이동의 태동기

국경과 대륙을 넘은 인구이동은 1492년 콜럼부스가 신대륙을 발견한 것을 계기로 많은 사람들이 유럽에서 미주와 대양주로 이동이 시작하기 시작하였다. 그 후 18세기가 되면서 노예무역의 본격화되어 아프리카 사람들이 미국이나 유럽에 끌려가 강제적인 이동이 있었다. 한편 아시아에서는 중국인(화교)과 인도(印僑)를 중심으로 새로운 일터를 찾아서 국제이동이 시작되었다. 특히 화교는 쿨리라고 하는 육체노동자를 중심으로 하는 광산,[16] 철도건설, 농장 등에서 일했다.[17] 또한 일본으로부터는 하와이나 미국 본토, 남미 방면으로 이주가 시작되었다.

(2) 오늘의 노동력이동의 배경

오늘날과 같이 교통과 정보의 원활화는 국경을 초월한 교역량과 생산요소의 이동을 가속화하였다. 이에 따라 국제 노동력이동은 여러 국가에서 흔히 볼 수 있게 되었다. 또 오늘날의 국제 노동력이동은 개발도상국에서 선진국으로의 이동뿐만 아니라 선진국간 혹은 개발도상국 사이에서도 많이 볼 수 있게 되었다. 이러한 이동은 국가 간 노동력 수급의 차이와 다국적기업의 해외진출이 이들의 흐름을 가속화하고 있다.

또 기업의 글로벌화는 자본의 국제이동에 따른 국제 노동력이동을 도모하며 많은 국가에서 외국인 노동자가 증가 추세에 있다. 이동하

---

16) 쿠리(苦力;Coolie)란, 한때 중국과 인도의 하층노동자를 말하는 것으로, 동남아시아 각 지역의 육체노동자를 의미하는 경우도 있다.

17) 플랜테이션이란, 식민지제도에서 시작된 단일 작물의 대규모 농장을 말한다. 플랜테이션에서는 원주민과 흑인 노예의 값싼 노동력을 이용하여 면화, 설탕, 고무, 커피 콩 등을 재배하였다.

는 노동력형태는 단순노동자와 기술노동자 또는 불법체류 노동자 등이 있다. 여기에서는 노동력의 국제이동에 따른 외국인 노동자의 유입에 대한 경제학적 논의 또는 단순노동자의 인권문제나 법률적 문제 등은 논외로 하고, 이러한 노동력이동이 다른 기업문화와 접할 기회를 많게 하고 있다는 것에 주목하고 있다. 어쨌든 노동시장의 자유화와 노동인구의 국제화는 이문화와 기업문화를 지닌 사람들끼리의 왕래를 늘리며, 상호간의 원활한 비즈니스화를 위해서는 다른 기업문화에 대한 이해가 요망되고 있다.

(3) 세계대전 이전의 이민형태와 국제 노동력이동

(a) 백인 이민자

백인의 국제이민은 1880년경 부터 유럽, 특히 영국에서 미국 신대륙을 중심으로 대규모 이주가 진행되었다. 이러한 이주를 유발한 요인은 영국 농촌지역의 빈곤과 과잉인구 때문이었다. 이러한 노동이동의 주요 요인은, 아일랜드의 감자 기근(1840~1850년)으로 거슬러 올라 갈 수 있다. 실제로 1847~1854년에 걸쳐 연평균 20만명 정도의 아일랜드 사람이 미국으로 이동하였다.

(b) 유색인종의 이민

유색인종의 이민은 비참하고 강제성을 지닌 것이었다. 유색인종의 최초 이민은 17세기부터 19세기 전반까지 아프리카에서의 노예무역으로 거슬러 올라 갈 수 있다. 수천만 명의 아프리카 사람들이 비인간적인 형태로 아메리카 대륙으로 이동되어 플랜테이션에서 설탕, 담배, 면화 등의 생산을 위한 노예노동으로 이용되었다. 결국 이 노예

노동은 비인간적이라는 비판을 받아 1833년에 금지되기에 이르렀다.

이러한 노예노동 금지에 따라 그 대체인력으로 나타난 것이 아시아에서의 이주였다. 아시아인의 이민은 유럽인의 자유이민과 달리 계약된 노동형태였다. 이 계약을 바탕으로 신대륙과 식민지의 육체노동자 신분으로 아시아인의 이민이 증가되었다. 민족별로는 인도, 중국, 필리핀, 일본 사람 등이 주로 많았다.

이러한 계약노동자들은 월급을 선불로 받고 계약주의 장소에서 노예와 같은 계약조건에서 3년 이상 일 해야만 하는 것이었다. 이러한 형태의 근로자로는 인도 사람이 가장 많았고, 전체 계약이민의 약 8할을 차지하였다. 이들의 일터는 남아프리카 공화국, 말레이시아, 동아프리카, 모리셔스, 실론 등이었다. 또 중국인은 상술한 바와 같이 苦力(쿠리)이라고 불렸으며, 주요 일터는 말레이 반도의 남부, 식민지 시대의 영국 연방이나 구 프랑스 영내이었다.

이후 1848년경부터는 중국인들은 주로 미국으로 들어가 철도건설 현장노동자, 광산광부로 일했다. 그러다가 1882년경이 되자 중국인 배척법을 적용하여 중국인을 소원하게 하여 중국인의 미국으로의 이민이 점차 감소하였다. 반면 일본의 경우는 1885년, 자국정부가 국민들에게 관약 이민을 권유하여 많은 일본인이 하와이로 이주하였다. 이 관약이민자들이 일본의 농업이민의 시대를 열게 되었지만 중국과 마찬가지로 일본인 이민자에 대해서도 1924년에 일본인 배척 이민법이 제정되기에 이르렀다.

이처럼 아시아인의 미국으로의 이주는 많은 문제점을 안고 있었다. 특히 일본인의 경우 제2차 세계대전이 시작되면서 태평양 연안을 중심으로 '일본계 미국인 배척을 위한 대통령령(1942년)'이 실시되고 일본인계는 10군데 캠프로 나누어져 강제 수용되었다. 그러나 이러한 배척요인은 말할 것도 없이 이민자에 대한 편견이나 선입견이나 오해로 인한 것이었으며, 이민 증가에 의한 현지인의 일터에 대한 상대적 박탈감에 얽힌 차별정책 때문이라고 할 수 있다.

(c) 미국의 이민동향

미국은 이민국가로 알려져 있지만, 1920년의 미국 전체 인구에 따른 인종별 구성은 유색인종이 적고 약 9할이 백인이었다.[18] 그런 가운데 1970년이 되자, 미국 전체 인구의 2억 321만 명 가운데 백인 83.5%, 흑인 11.1%, 히스패닉 4.5%, 아시아계 0.8%로 되었다. 그 후 2005년이 되어서는 미국 전체 인구의 2억 9,640만 명 가운데 백인이 66.9%인 1 억 9,840만 명으로, 히스패닉이 14.4%인 4,269 만 명, 흑인이 13.4%인 3,972만 명, 아시아인이 4.8%인 1,438만 명, 미국 원주민이 1.5%이였다. 또한 전체 인구의 33%에 해당하는 9,800만 명이 소수 민족계의 유색인종이 차지하게 되어 3명 중 1명은 백인이 아니다. 또 히스패닉이 흑인인구를 처음으로 상회하여 모든 소수인종의 43.5%를 차지하는 등 급속한 증가를 보이고 있다.

(d) OECD 국가의 이민동향

OECD 국가 중 최근에 이민 유입 나라로 잘 알려진 국가는 미국, 캐나다, 독일, 영국, 프랑스, 호주 등이다. OECD 국가의 노동자 유입은 사람, 물건, 자금의 흐름을 원활하게 하여 경제 글로벌화의 주요 요인이 되고 있다.

---

18) 1920년 당시 미국 전체 인구의 1억 571만 명 가운데 백인이 89.7%, 흑인 9.9%였다(자료: 미국 인구 조사국; US Census Bureau).

여기에 OECD 국가의 이민동향을 알아 보기 위하여 [도표 Ⅱ-9]를 보면, OECD 일부 국가의 인구 증가에서 차지하는 자연 증가('출생수'에서 '사망수'를 뺀 인구 수)와 순이민 유입수('유입수'에서 '유출수'를 뺀 인구 수)의 구성 추이를 알 수 있다. OECD 국가에서는 자연 증감률, 순이민 유입 속도가 감소하고 있지만 여전히 이민자가 전체 인구의 증가에 적지 않은 영향을 주고 있다.

한편 미국의 경우에는 연 1% 정도의 인구증가율이 계속되고 있다. 이러한 배경에는 자연 증가의 절반 정도가 이민 증가에 따른 것에 주목할 필요가 있다. 또한 호주와 캐나다에서는 이민자 증가가 자연 증가와 거의 동일하게 증가하며, 이민 인구가 인구 증가의 주요 요인이 되고 있다.[19] 이러한 상황은 이민이 인구 증가에 거의 영향을 주지 않는 일본과는 대조적이다.

19) OECD, Trends in International Migration : SOPEMI 2002 Edition, pp. 52~55.

도표 Ⅱ-9 총인구 증가에 차지하는 자연 증가와 이민 증가의 구성

(일부OECD국가와 EU ; 1960~2000년 연초 인구 천명당)

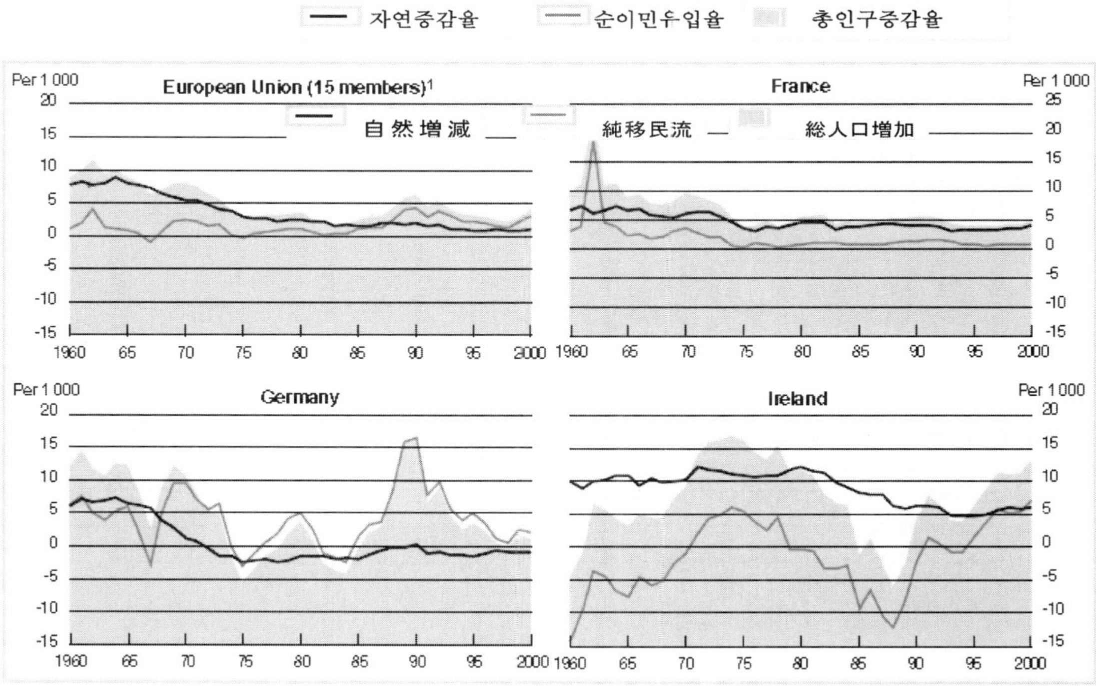

도표 Ⅱ-9와 이어짐

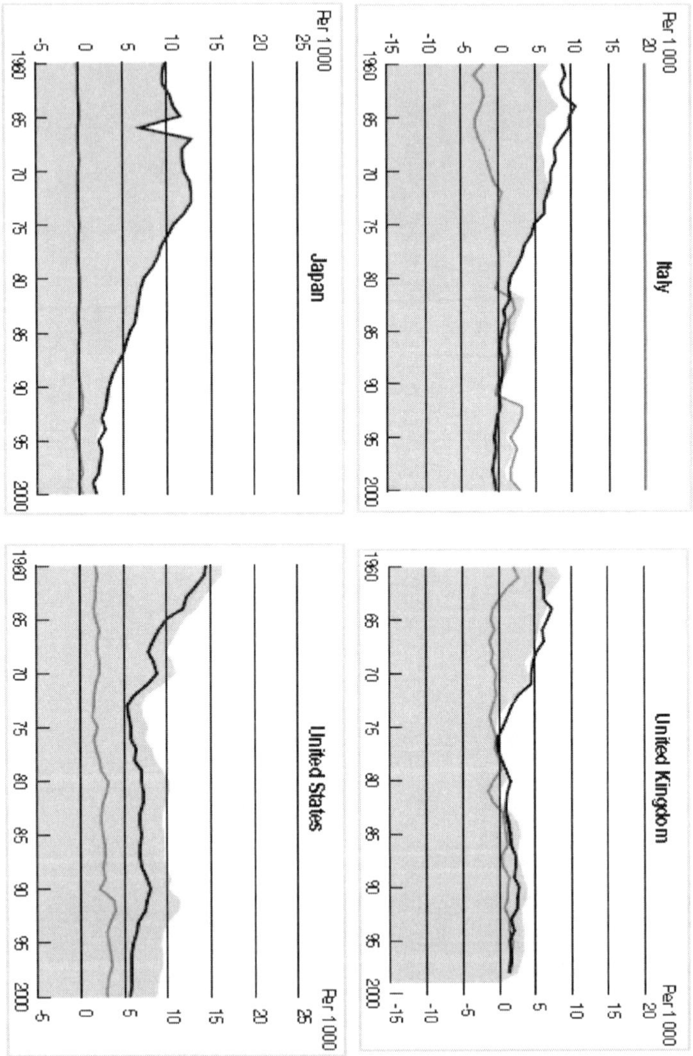

Source : OECD, Trends in International Migration : SOPEMI 2002 Edition.

(4) 오늘날의 국제 노동력이동의 동향

(a) 경제적 요인

오늘날 경제적 이유에 의한 노동력이동은 자국에서의 고용기회가 적은 저소득국가에서 고소득국가의 고용기회를 찾아 이동하는 경우가 많다. 이러한 이유로 인한 이동은 '① 카리브해에서 영국으로, ② 멕시코에서 미국으로, ③ 중동국가에서 독일과 프랑스로, ④ 동남아시아에서 오일 달러를 찾아서 중동국가로, ⑤ 동남아와 중국에서 일본으로' 등과 같은 패턴이 많다. 또 아프리카 국가에서 흔히 볼 수 있는 가뭄이나 만성빈곤 등으로 인한 인접국가로의 이동도 있다.

반면 일본의 경우는 2010년대 이전까지는 3K중심의 외국인 노동자의 유입이 많았다.[20] 그러다가 오늘날에는 저출산 고령화 시대를 맞아 간호가 가능한 필리핀과 인도네시아, 태국을 중심으로 하는 여성 도우미의 유입이 많아지고 있다.

(b) 난민(Refugees)

인구의 국제이동은 자국의 정치적 박해, 경제적 궁핍을 극복하기 위한 난민에 의한 요인도 빼놓을 수 없다. 제2차 세계대전 이전에는 유럽 중심의 난민이 많았지만 세계대전 이후의 난민은 경제적 빈곤과 민족분쟁이 문제가 된 아시아인, 아프리카인이 많아졌다.

---

20) 3K란 '종사하고 있는 일이 더럽고, 위험하고 힘든 직종'을 말하는데, 이른바 3D를 말한다.

도표 Ⅱ-10 국제 노동력이동의 특징

	유럽(백인)	아시아인 · 아프리카인(유색 인종)
제2차 세계대전 이전	▪자유이민(주로 미국행) ▪난민(정치 망명)	▪노예무역, 계약 이민(농사, 광부)
제2차 세계대전 이후	▪유럽권 내에서의 이동 ▪난민(정치 망명)	▪장기 이주 ▪정치·경제 난민(아프리카, 베트남, 북한)

자료: 저자 작성

특히 정치적 박해는 난민발생을 촉진하는 직접적 요인이 된다. 예를 들면 제2차 세계대전까지에는 1917년의 러시아 혁명, 유대인 박해 등을 떠올릴 수 있다. 제2차 세계대전 후에는 중국의 사회주의화, 파키스탄의 분리 독립, 팔레스타인 분쟁, 베트남 전쟁, 유고 슬라비아 · 르완다 · 콩고 등의 민족분쟁, 북한의 정치 경제적 난민, 이처럼 전쟁이나 민족분쟁 등이 난민발생의 주요 요인이 되고 있다.

이로서 난민과 이민을 중심으로 하는 국제 노동력이동의 시대별 인종별 특징으로서 [도표 Ⅱ-10]과 같이 나타낼 수 있겠다.

(5) 일본의 외국인 노동자의 추이

오늘날 일본에서 종사하고 있는 외국인 노동자 수의 추이는 2006년 기준으로 약 92.5만 명에 이르고 있다.[21] 그 중에서 합법적인 노동자가 75.5만 명이며 불법 체류자가 17만 명이다.

한편 2008년 기준으로 외국인 근로자를 고용하고 있다고 신고한 사업장은 약 7.7만 군데이며, 외국인 노동자 수는 약 48.6만 명이었

21) 일본 후생노동성 직업안정국 '6월의 외국인 노동자 문제 계발 월간 실시에 대해서(2008년 5월 30일 발표).'

다.[22] 이를 국적별로 보면 중국이 외국인 노동자 전체의 43.3%, 브라질이 20.4%, 필리핀이 8.3%였다. 또한 외국인 노동자를 체류 자격별로 보면, '신분에 근거한 재류 자격[23]'이 전체의 46.0%를 차지했다. 그리고 기능 실습생 등 '특정 활동'이 19.5%, 이어서 '전문 기술적 분야의 체류 자격 [24]'이 17.5%였다.

한편 국적별 체류자격을 보면, 중국은 '특정 활동'이 34.8%를 차지해 가장 많았다. 그 다음은 '자격 외 활동(유학 취학)'이 26.0%, '신분에 근거한 채류자격'이 17.9%를 차지했다. 또한 브라질은 '신분에 근거한 체류자격'이 99.5%로 압도적으로 많았다. 세부사항을 보면 일본계 브라질인이 많은 것도 있어서 '정주자'가 47.4%, '영주자'가 28.2%였다.

(6) 해외 이주노동자와 경제효과

오늘날의 노동력이동은 개인 중심의 생계형과 산업형의 노동이동이 많다. 또 교통수단의 발전에 힘 입어 좋은 직업환경을 찾아 나서는 자발적인 해외 이주노동자가 증가하고 있다. 이러한 이주노동자는 국제 노동시장에서 노동력이 풍부한 저임금국가에서 고임금국가로의 이동에서 많이 볼 수 있다.

---

22) 일본 후생노동성 직업안정국 외국인고용 대책과 '외국인 고용 상황 신고 상황에 대해(2009년 1월 16일 발표).'

23) '신분에 근거한 재류자격'으로는 영주자, 일본인의 배우자, 영주자의 배우자 등의 정주자가 여기에 해당된다.

24) '전문적 기술적 분야의 체류자격'으로는 교수, 예술, 종교, 보도, 투자 경영, 법률 회계 업무, 의료, 연구, 인문 지식 국제 업무, 기업 내 전근, 흥행, 技能 등이 여기에 해당한다.

도표 Ⅱ-11 주요국의 노동자이동 (단위 : 만명)

국가명	유입	유출
중국		730
방글라데시		490
필리핀		360
인도	570	1,000
파키스탄		340
사우디	640	
러시아	1,210	1,150
카자흐스탄		370
우크라이나	680	610
터키		440
독일	1,010	
영국	540	
프랑스	650	
스페인	480	
캐나다	610	
미국	3,840	
멕시코		1,150

자료 : 세계은행 '이주와 송금에 대한 세계은행의 조사(2008년)' 재인용 : 일본경제신문, 2009년 4월 19일에서 발췌.

예를 들면 먼저 1960년대에 많은 한국인 여성들이 간호사 일터를 찾아 독일로 향한 것을 들 수 있다. 또 해외 이주노동자의 현저한 증가는 1973년의 중동전쟁으로 인해 고유가로 축적된 산유국의 오일머니를 찾아서 주변국과 동남 아시아에서 많은 사람들이 중동 산유국으로 이동한 사례가 있다. 이러한 이주 노동자는 건설업 및 공장 현장에서 주로 일했다. 그러다가 원유가의 하락과 함께 아시아 국가의 경제발전과 통화가치의 절상에 따라 해외 이주노동자의 일터도 다양화되었다. 주된 일터는 아시아의 싱가포르, 홍콩, 일본 등이 많아졌다.

오늘날 아시아에는 베트남인이 일자리를 찾아 홍콩, 말레이시아, 일본, 한국, 중국 등으로 많이 이동하고 있다. 아시아를 중심으로 하는 이주노동자의 유출국가로는 파키스탄, 필리핀, 태국 등의 국가에서 주로 볼 수 있다. 또 세계적인 이주노동자의 유입국가로는 미국, 러시아, 독일 등이 현저하다(자세한 내용은 [도표 Ⅱ-11] 참조). 또 노동유출 국가로는 멕시코, 러시아, 인도, 중국 등을 들 수 있다. 반면 일본은 제2차 세계대전 이전까지는 노동유출국이었지만, 제2차 세계대전 이후에는 노동유입국이 되었는데, 이는 주로 일본계 남미인들의 공장노동자와 아시아국가로부터의 단순 노동자, 간호 관련 도우미 고용노동자를 중심으로 이루어졌다.

국제 노동력이동은 많은 경제효과를 가져다 주고 있다. 무엇보다도 노동유출국 측면에서 보면, 해외 이주노동자가 벌어들인 돈을 본국으로 송금한다. 이 송금에 의해 노동유출 나라는 외화획득으로 이어진다. 또한 노동유출국에게는 이주 노동자로서 자국에서 장기 이주를 하기 때문에 노동자 본국의 실업완화에 도움이 된다. 한편 노동유입국의 경우에는 자국의 노동력 부족 완화로 연결된다.

그러나 문제점도 적지 않다. 노동유출 나라로는 종종 두뇌(Brain Drain)나 싱크 탱크(Think Tank)와 같은 우수한 인재가 해외로 유출되는 경향이 있다. 또한 노동유입국에서는 이주 노동자가 노동유입국과의 문화 사회적인 마찰, 문화적 동화(Cultural Assimilation)의 어려움 등으로 이주 노동자에 대한 차별 환경(Segregated Environment)에 처해 있다. 또한 개발도상국에서의 이주노동자의 직업은 노동유입 나라 사람들이 싫어하는 업종에 집중되어 있어서 사회문제의 요인이 될 수 있다. 또 노동유입국에서는 이문화권 노동자의 증가로 자기 민족에게 이질감이 생기고, 사회불안 요소가 된다고 오해하기 쉽다. 이러한 문제점을 고려하여 노동자의 유입국과 유출국의 양자에게는 원만한 해결책을 모색하게 하는 정책적 배려가 바람직하다.

4. 글로벌 시장전략의 선다형

전략이란 기업이 설정한 목표를 달성하기 위하여, 자사의 경영자원을 유효하게 배분 활용하는 시스템이다. 글로벌 전략은 전 세계를 하나의 시장으로 설정하여 전세계 시장에서 가장 효율적인 것을 모색하는 것이다. 글로벌 전략은 전 세계에서 가장 저렴한 비용으로 생산할 수 있는 기업의 입지와 소비자 요구의 동질화에 의한 규모경제의 효과를 추구한다. 또 글로벌 기업은 이와 같은 전략과 함께 각국의 다른 지역적 특성, 문화적 특성을 고려한 전략도 중요시하고 있다.

1) 글로벌 기업의 전략

(1) 글로벌 시장전략의 필요성

(a) 효율적인 비즈니스 활동

글로벌 기업들은 자사의 사업활동의 장소를 한 나라의 국내시장에 한정하지 않는다. 글로벌 기업은 전 세계의 시장상황을 고려한 비즈니스 활동을 촉진하기 위하여 국내기업보다 더 복잡한 기업활동을 한다. 또 글로벌 기업들은 자사의 비즈니스 활동이 글로벌 규모로 이루어지기 때문에 국내기업보다 더욱 종합적인 시스템화하여 면밀한 전략수립을 필요로 한다.

(b) 글로벌 네트워크 활용

시장경쟁이 전 세계적인 범위에서 활발하게 진행되고 있기 때문에, 글로벌 기업의 경쟁력 강화에는 일부 관련기업과의 한정된 지역에서만의 기업활동에 머물지 않고 국가와 지역을 초월한 글로벌 네트워크를 구성 활용할 수 있는 시스템 구축이 유효하다. 따라서 글로벌 기업은 본사와 자회사간의 많은 조정과 통합을 용이하게 하기 위한 네트워크화가 필연적이다.

(c) 글로벌 경쟁 대응

글로벌 기업은 전 세계 시장에서의 비즈니스의 기회와 위험 등의 새로운 변화에 리얼 타임으로 대응할 수 있는 전략수립이 더욱 중요해지고 있다. 즉 정치, 경제, 사회 등의 글로벌 시장환경의 모든 상황을 실시간에 수렴 대응하는 생존 전략이 필수적이다.

(2) 글로벌 경영전략

(a) 경영전략 환경

글로벌화는 국가별로 서로 다른 시장의 특성과 다양한 소비자의 요구를 극복하여 자국과 외국과의 취향을 동질화시키고 있다. 그러나 여전히 외국기업은 자국기업과 다른 가치관, 도덕관, 관습, 종교 등이 가져 오는 다양한 기업문화를 보전하고 있다.

또 경제활동의 블록화는 세계경제를 재편하고 있다. 예를 들어 EU와 북미자유무역협정(NAFTA)과 같은 경제 블록화 현상이 일어나고 있다. 경제의 블록화는 FTA의 촉진, WTO 등을 중심으로 하는 자유무역을 갈망하는 흐름이 있음에도 불구하고 블록화된 지역외의 기업과의 거래에 배타적인 경향이 있다.

이러한 흐름 속에서도 글로벌 기업들은 전 세계 시장에서 자사제품의 경쟁력을 높이기 위하여 국가나 지역에 따라 다른 시장환경을 종합화하는 글로벌 규모의 시장확보가 필수적이다.

(b) 비교우위와 경쟁우위에 따른 전략

글로벌 시장전략은 비교우위와 경쟁력을 가장 적절하게 조합하는 것이 가장 중요하다. 먼저 비교우위 창출에는 최적의 입지선정부터 시작된다. 즉 비교우위는 글로벌 기업으로서의 활동가치를 높이기 위해 사업의 운영활동에 가장 적합한 지역이나 국가를 결정하는 것이 중요하다.

또한 경쟁우위는 기업의 가치 사슬에 따른 사업활동부터 시작된다. 이러한 경쟁력은 세계시장에 재화나 서비스를 말단까지 공급되는 채널을 활용하여 부가가치를 덧붙여 나아가 더 많은 가치창출을 획득하게 된다.

(3) 글로벌 전략의 구성

글로벌 전략의 구성은 가치 사슬이 활용되는 ‘사업의 구성과 조정’을 서로 나누어 고려해야 한다. 여기에서의 ‘구성’은 부가가치를 연쇄적으로 증가시키기 위해 적절한 장소와 성공적인 사업을 위한 대처방법이 중요하다. 또 ‘조정’은 각국에서의 사업활동이 가치 사슬을 통해 업무성과를 높이기 위한 궤도수정이 가능하게 하는 것이다.

따라서 글로벌 전략은 단일 국가 기업전략과의 차이점를 찾아서,

다수의 국가와의 비교우위와 경쟁력 우위가 되도록 사업활동 방법의 개선이나 기업조직의 통합을 통한 조정이 필요하다. 결국 글로벌 기업은 다양한 국가와 지역에서 비교우위를 분석한 후, 자사가 최대한의 경쟁우위를 획득 유지가 가능하도록 경영자원을 조정해야 한다.

(4) 시장진출 방법의 선다형

글로벌 시장진출 방법은 크게 수출 및 해외투자의 두 형태로 생각할 수 있다. 일반적으로 하나의 기업이 여러 가지 방법으로 각각의 국가와 시장사정을 고려한 후 진출방법을 결정하게 된다. 실제로 기업은 자사의 경영자원과 해외 각국의 시장 특징과 상황에 맞는 가장 적절한 진출방법을 선택하고 있다. 예를 들면 듀퐁(Du Pont)사는 세계 약 70개국을 거점으로 관련 기업들이 분포되어 있다. 이렇게 많은 관련사들 가운데는 각 거점이 본사에 의한 완전 소유 직영기업도 있고, 합작기업 또는 프랜차이즈 방식으로 관리하는 기업도 적지 않다.

해외시장에 진출하고자 하는 기업은 당연히 로우 리스크 하이 리턴의 원칙이 작용한다. 즉 시장진입 방법은 더 낮은 위험과 높은 수익성을 얻을 수 있는 방식을 선택하려고 한다. 이 선택을 바탕으로 해외시장 진출은 이루어지게 된다. 또 해외시장에 진출한 후에 사업이익이 예상되지 않으면 철수전략을 선택하지 않을 수 없다. 글로벌 기업은 해외시장에서 철수하는 경우도 드물지 않음으로, 기업은 해외시장에 대한 진출방법도 중요하지만 때로는 해외시장에서의 철수에 대한 방침 선정에도 많은 연구가 필요하다.

2) 글로벌 비즈니스에 따른 이익

(1) 글로벌 조직에 의한 이익

(a) 글로벌 조직의 활용에 따른 이익

기업이 조직을 왜 글로벌화하는 것인가. 그것은 전 세계 시장을 대상으로 하는 규모경제의 효과를 얻기 위한 것이다. 그러나 기업이 이러한 효과를 얻기 위해서는 글로벌적인 조직관리 능력이 필요하다. 여기서의 능력이란 전 세계 시장을 관리하기 위하여 만들어진 조직별 역할분담이나 책무 등을 종합적으로 관리할 수 있는 조정능력을 말한다. 예를 들면 글로벌 기업은 국가 간 서로 다른 광고전략을 조정하고, 경우에 따라서는 일원화하여 전세계에 분포하는 자사 관련 기업이 일률적인 광고 프로젝트에서 관리될 수 있게 하면 광고비용을 절감할 수 있다.

(b) 마케팅과 생산의 효율화

글로벌 기업들은 전 세계 시장에서의 세그먼트를 명백하게 하면 마케팅 및 생산에 대한 규모경제의 실현에 따른 수익을 창출할 수 있다. 즉 전 세계 시장의 조직에서 일정한 세그먼트에 집중할 수 있는 마케팅이 가능하여 대량수주에 따른 양산효과를 얻을 수 있다.

(2) 글로벌 비즈니스의 혜택을 제 요소

(a) 핵심역량의 이전

핵심역량(Core Competence)이란 경쟁자보다 빨리 시장에 저가제품이면서도 고품질제품을 제공할 수 있으며, 타사가 모방하기 힘든 독자적인 경영자원을 말한다. 또 핵심역량은 시장의 다양한 변화를 예측하여, 자사의 제품이 시장에서 성공할 수 있는 평가에 큰 영향을 미치는 요소이다. 글로벌 비즈니스 조직은 비즈니스의 포트폴리오(다양한 금융자산의 집합체)의 사업화보다는 오히려 핵심역량을 활용할 수 있는 포트폴리오가 중요하다.

글로벌 기업들은 본국에서 축적된 핵심역량을 해외 현지기업에서도 활용 이전시킴으로 인해 현지 자회사의 경쟁력이 높아져 수익 증대로 이어지게 된다.

(b) 거점경제의 메리트 활용

거점경제는 글로벌 비즈니스 경쟁우위의 요인으로 볼 수 있다. 거점경제는 글로벌 기업이 가치를 증가시키기 위해 다양한 국가와 지역에 기업을 배치함으로 인해 수익창출이 발생하게 되며, 기업은 여러 나라와 지역에서 최대의 이익을 얻을 수 있는 곳을 선택하여 사업활동의 거점 로 한다.

예를 들어 도요타 자동차의 태국에서 생산기지를 다룰 수 있다. 이 생산기지는 개발 및 생산 체제를 본국 중심에서 태국으로 옮겨 주변국의 동남아시장 변화에 리얼 타임으로 대응할 수 있게 한 것이다. 즉 거점경제는 좀 더 주변국의 소비자 요구에 적극적인 대응이 가능하도록 함과 동시에 운송비용 및 관리비용 절감 등의 메리트를 누리기 위한 것이다.

(c) 경험 노하우의 활용

경험 노하우의 활용은 경험곡선의 원리를 살린 비용 리더십 전략의 일환으로 볼 수 있다. 기업은 자사조직의 운영이나 관리 등의 경험이

쌓임에 따라 노하우가 축적되어 비용절감 효과를 얻을 수 있기 때문에, 저렴한 가격설정이 가능하여 시장점유율 확대로 연결된다. 즉 글로벌 기업은 본국에서의 경험 노하우에 따른 풍부한 사업화 경험을 통해 노동생산량 1 단위당 비용이 인하된다. 따라서 자사제품 가격을 인하하여도 기업운영에 문제가 되지 않음으로, 자사제품의 가격 경쟁력 향상이 된다.

(d) 이미지 통일화 효과

글로벌 기업은 관련 기업들이 세계 각지에 광범위하게 펼쳐져 있다 하더라도 자사의 이미지를 흡수 통합시킬 수 있다. 글로벌적인 이미지 통합에 따른 이익에는 브랜드 이름과 회사 로고에 대한 전 세계적인 인식을 주로 생각해 볼 수 있다. 이러한 인식은 해외시장에 신제품 도입을 원활하게 하는 광고효과가 있다.

예를 들면 텔레비젼을 통한 국제방송에서 몇 개국의 언어로 수십 개국에 올림픽이나 월드컵 개막식 중계를 하는 것을 생각해 볼 수 있다. 텔레비젼 영상에 비추어지는 스폰서 기업의 광고가 국경을 넘어 같은 이미지로 전해지고 있다. 이것은 개별 국가 간 이미지가 다른 시장을 통합적으로 컨트롤 할 수 있는 수단이 되고 있다.

(e) 학습효과

기업은 사업활동의 일환으로서 생산이나 투자, 성공과 실패를 거듭해 나가면 경험에 따른 학습효과가 높아지게 되어 기업행동이 효율화 숙련화되는 방법을 익히게 된다. 즉 같은 행동이나 유사한 행위를 반복하는 과정에서 학습효과가 높아진다.

이러한 효과는 생산방식, 기술개발, 마케팅 방법 등을 중심으로 하는 사업활동의 숙련노동으로 연결된다. 특히 글로벌 기업의 경우는 본국에서 학습한 비즈니스 스킬이 현지국가에서도 응용될 수 있도록 하면 현지기업의 경쟁력 우위의 요인이 된다. 따라서 글로벌 기업은 학습경험이 없는 로컬 중심 기업보다 이미 경쟁력 우위에 있다고 할 수 있다.

3) 지역시장에 대한 대응과 기업 전체의 코스트 절감

(1) 적응화 전략

글로벌 기업이 현지국의 시장에서 사업을 성공시키기 위해서는 현지국가의 사정을 충분히 고려하는 것부터 시작된다. 즉 현지국가의 종교, 신념, 도덕, 가치관, 관습, 소득수준 등의 차이로부터 발생하는 본국과의 치이를 고려한 마케팅 전략이 필수적이다. 예를 들면 자동차는 소득수준이 높은 국가에서는 생활필수품으로 간주되지만 소득이 낮은 국가나 지역에서는 사치품으로 취급된다.

따라서 글로벌 기업들은 현지국가의 기업환경을 감안하여 경영방침, 가격 설정, 마케팅 광고 방법 등을 중심으로 하는 현지 시장과의 적절한 대응이 필수적이다. 이러한 기업방침에 따른 사업활성화 정책을 적응화 전략이라고 한다.[25]

---

25) 적응화 전략은 '열쇠 달린 냉장고' 생산 사례를 보면 잘 이해할 수 있다. 보통 가정용 냉장고라면, 냉장고 문짝에 열쇠를 붙일 필요가 없다. 그러나 인도와 중동의 국가에서는 상황이 다르다. 냉장고에 있는 귀중한 물을 다른 사람들이 가져가지 않도록 하고 싶다는 현지 소비자의 사정이 있다. 이러한 현지 소비자의 요구를 근거로 냉장고의 문에 열쇠를 붙인 것만으로, 자사 냉장고의 매출이 향상되었다. 이처럼 현지시장을 고려한 생산방법이 적응화 전략의 일환이라고 할 수 있다.

(2) 표준화 전략

글로벌 기업은 전세계 주요 시장에서 자사제품의 거래가 형성되면 표준화된 사양에서 파생되는 글로벌 우위가 있다. 국가나 지역별로 보면 각 시장의 특징이 뚜렷하지만, 글로벌 시장 전체로 보면 각국의 니즈와 취향이 동질화되기 쉽거나 되어 있는 부분도 적지 않다. 국가 간에 다양한 시장이 존재하지만 공통적인 접근을 할 수 있는 요소, 즉 표준으로 되어 있는 부분이 많다.

또 이러한 표준은 각국 시장 간의 이질성을 극복하고 동질화된 마케팅 믹스(시장 목표를 달성하기 위한 모든 수단)의 개발을 촉진하고 부품과 소재 조달의 효율화, 양산에 의한 비용절감 등의 전략을 가능하게 한다. 글로벌 기업이 이러한 효과를 얻기 위한 기업경영 방침을 표준화 전략이라고 할 수 있겠다.

(3) 적응 및 표준화의 관련성

글로벌 기업들은 글로벌 시장에 표준화된 사업활동을 할 수 없는 경우도 종종 있다. 따라서 글로벌 기업은 현지 적응화 전략과 함께 원활한 시장확대를 도모하기 쉽도록 자사제품의 표준화를 촉진할 필요가 있다. 한편 표준화가 시장확대를 촉진하는 부문만 있는 것이 아니라 역으로 시장확대를 저해하는 부분도 있다고 하는 전략의 양면성에 주시해야 한다. 그 이유는 규모경제 효과가 표준화를 촉진하는 요인이 되지만, 반드시 그렇지는 않기 때문이다. 예를 들면 현지국가별로 적응화한 사용방법이나 규격을 설정함에 따라 시장확대(규모 경제 효과)로 이어지는 경우도 있는 것이다.

따라서 글로벌 기업에게는 개별 시장상황과 국가별 사업화 방침을 융합시키는 현지적응화 전략과 각국의 공통성과 니즈의 균질화로 인한 마케팅의 효율화와 이미지 통일화 등의 메리트를 활용하는 표준화 전략을 양립시켜 균형잡힌 전략이 유효할 것이다.

4) 전략 옵션

(1) 멀티 도메스틱 전략

멀티 도메스틱 전략은 현지국가 또는 통합된 일정한 장소에서 생산 및 관리를 도모하는 하는 것이다. 이 전략은 수출이나 라이센싱 방식에 의한 자사의 노하우를 현지시장에 제공하여 활용하는 경우가 많다. 특히 디자인 및 R&D(연구개발), 혹은 운영자금관리와 같은 전략적 기능을 본국에 집중하면서 현지국에도 경영자원을 축적시켜 많은 현지국시장에서도 본국과 같은 기업관리 능력을 향상시키는 것을 멀티 도메스틱 전략이라고 할 수 있다.

멀티 도메스틱 전략을 이행하는 기업의 제품이나 서비스는 다른 나라와 지역의 수요에 맞춰 다양화되고 있다. 멀티 도메스틱 기업의 전략은 본국과 상이한 정치사정, 경제환경, 시장상황을 확인하고 난 후에 이들을 활용하기 위하여 각국에 사정에 맞는 차별화된 경영방침이다.

(2) 지역전략

지역전략은 각 지역의 상황에 맞도록 적극적으로 어프로치하여 자사의 비용절감으로 이어지는 양질의 저임금 지역으로부터의 제품을 조달받기 위함이다. 지역전략은 각 지역 간의 시장특징을 살려서 노동분업의 장점에서 생기는 생산활동을 통합하는 거시적 지역에서 발전한다. 따라서 경우에 따라서는 지역별로 생산되는 제품의 구분은 운영관리의 효율화를 도모하기 위하여 지역을 기반으로 통합되는 경향이 있다. 또한 각 지역의 R&D 및 운영자금관리 등은 지역본부와 부분적으로 분리되는 경우도 있다.

(3) 글로벌 전략

글로벌 전략은 효율성 실현을 위하여 글로벌 시장에서 가장 좋은 효율화와 분산 현지화, 그리고 경우에 따라서는 전략적 제휴를 필요로 하고 있다.

효율성이란 R&D부분에서 최종 제품의 납품(Delivery), 애프터 서비스에 이르기까지의 모든 과정이 효율적으로 이행되는 것을 의미한다. 분산화에는 생산시설의 집중에 의한 리스크를 분산시키는 목적도 있다.[26] 또 현지화란, 세계 각지에서의 행해지는 기업의 활동지역에서 기업문화의 특성에 적절한 대응을 촉구하기 위한 것이다. 전략적 제휴는 제휴를 통해 자사의 단점을 보완하여 브랜드 이미지 상승과 함께 경영자원의 효율화에 그 목적이 있다. 전략적 제휴에는 주로 자사에는 부족하거나 없지만 제휴기업에는 있는 첨단기술의 획득과 활용을 위하여 이루어지는 경우가 많다.

(4) 지역화와 글로벌화의 관련성

지역화와 글로벌화는 언뜻 보기에는 서로 상반되는 관계에 있는 것처럼 보인다. 그 이유는 글로벌 기업의 새로운 전략이 경우에 따라서

---

26) '리스크 분산'에 대해서 예를 들면, 도요타가 자동차의 부품조달 방법의 변경을 들 수 있다. 지금까지는 생산비용 절감의 일환으로 부품조달처가 집중되어 있었지만, '한신 아와지 대지진과 동일본 대지진' 때의 교훈을 살려, 부품조달이 불가능해지는 위험분산의 일환으로 부품조달처를 다수화하여 해외의 부품 메이커까지 확대화하고 있다.

는 지역화와 글로벌화의 양자 간의 조직의 운영이나 관리의 목적이 대단히 상이한 것으로 보이기 때문이다.

어쨌든, 지역화는 여러 국가의 시장사정에 걸 맞는 사업화를 목표로 하고 있기 때문에 결과적으로는 글로벌화 전략의 일환으로 볼 수 있다. 따라서 지역화와 글로벌화는 상반되는 전략이 아니라 국가와 지역에 따라 각자 다른 생산방식이나 관리체제, 시장환경을 토대로 더 적절한 방법을 모색하기 위하여 구축된 경영 방침의 차이에 불과하다.

Review & Discussion Questions

- 국제경영학이란 무엇인지 설명하시오.
- 다음은 무역이론에 대한 중요한 용어이다. 아래의 사각형 안에 있는 적절한 어구를 알파벳 기호로 답하시오.
  (1) 상품의 교환비율 : ______
  (2) 우위성이 있는 제품에 집중생산 : ______
  (3) 국가 간 상호 특화생산 : ______
  (4) 외국과 비교하여 어떤 생산재에 대한 절대적 우위 : ______
  (5) 외국과 비교하여 어떤 생산재에 대한 상대적 우위 : ______
  (6) 일정한 기준이 되는 제품과의 교환비율 : ______
  (7) 국내에서 가능한 일정한 상대가격 및 무역에 의해 발생하는 상대 가격과의 차액 : ______
  (8) 각국에 존재하는 생산 요소의 풍부함 : ______

ⓐ 절대우위 ⓑ 비교우위 ⓒ 무역이익 ⓓ 국제분업 ⓔ 특화생산
ⓕ 요소부존도 ⓖ 상대가격 ⓙ 교역조건

• 절대우위론은 무역 상호국에서 노동의 동질성, 완전고용, 생산수단의 산업 간 자유이동 등의 전제조건 하에서 성립한다. 따라서 본 이론의 성립(국제분업)을 추구하여, 다음과 같은 각국의 가정조건에 따라 특화 이전과 특화 이후에 있어서 제품의 이익 획득 과정을 설명하시오.

가정 조건(1 단위 제품생산에 필요한 노동량)

	일본	중국
자동차	10	30
가방	30	10

• 중국과 방글라데시에 있어서 신발과 셔츠의 생산비용을 다음 표와 같이 가정하였다. 리카도의 비교우위론에 따라 계산식을 이용하면서 대답하시오.

	중국	방글라데시
신발류	100	90
옷	120	80

(1) 중국 국내에서의 옷에 대한 신발의 상대가격 : ________
(2) 중국 국내에서의 신발에 대한 옷의 상대가격 : ________
(3) 방글라데시 국내에서의 의류에 대한 신발 상대가격 : ________
(4) 방글라데시 국내에서의 신발에 대한 옷의 상대가격 : ________
(5) 신발에 특화 생산해야 할 국가 : ________
(6) 의류에 특화 생산해야 할 국가 : ________
(7) 신발 특화 생산한 국가에 가져다 줄 무역이익액 : ________
(8) 의류 특화 생산한 국가에 가져다 줄 무역이익액 : ________

- 헥셔 · 오린 이론에 의거, 이 이론의 요점을 설명한 후에 그 문제점을 논하시오.

- 다국적기업을 정의하시오.

- 해외 직접투자를 정의하시오.

- 다음은 해외 직접투자가 무역에 미치는 효과(영향)에 대한 어구이다. 각각의 항목에 따라 간단히 설명하시오.
  (1) 수입대체 효과 :
  (2) 역수입 효과 :
  (3) 수출유발 효과 :
  (4) 시장확대 효과 :
  (5) 투자국의 우회수출 효과 :
  (6) 수출촉진 효과 :

- 기업이 다국적화하는 이유를 중심으로 과점이론을 설명하시오.

- 제품의 수명, 이른바 타임 래그에 따라 제품수명주기론을 논해 보시오.

- 다국적기업은 진출시장의 불완전성을 극복하기 위하여, 기업경영조직을 내부화한다. 이러한 과정을 내부화 이론을 바탕으로 설명하시오.

- 독점우위론과 내부화 이론에서 다룬 각각의 장점을 살려 통합한 절충이론에 대해서 설명해 보시오.

- 기업이 해외에 진출하는 형태로는 합작투자와 단독투자로 크게 나누어 생각할 수 있다. 다음의 항목별에 따라 설명하시오.

(1) 합작투자

a. 장점 :

b. 단점 :

(2) 단독투자

a. 장점 :

b. 단점 :

- 해외 직접투자를 촉진하는 요인을 설명해 보시오.
  1. 본국에서 해외로의 푸시(Push) 요인
  2. 해외로 부터의 풀(Pull) 요인

- 다국적기업의 해외진출(투자)에 따라, 투자유치국에는 고용창출, 기술이전 등을 중심으로 하는 다양한 효과가 있다. 다음 용어를 설명하시오.
  1. 수출 가공구 :
  2. 현지국가로의 직접적인 기술이전 효과
     a. 요소기술의 이전 :
     b. 관리기술의 이전 :
  3. 현지국가로의 간접적인 기술이전 효과
     a. 파급연관(Linkage) 효과 :
     b. 관련(하청회사) 산업의 발전 :
  4. 현지국가에 불리한 영향
     a. 이전가격 :
     b. 현지화 지연 :

- 다국적기업의 영향으로 인해 오늘날의 무역형태는 다양해지고 있다. 다음 항목을 설명해 보시오.

a. 수직분업 :
b. 수평분업 :
c. 기업내 분업 :

- 다음 빈칸에 적절한 어구를 넣어시오.

국제투자에는 장기투자와 단기투자로 구분된다. 전자는 직접투자와 간접투자이며, 직접투자는 일반적으로 ( )진출이라고도 하며, 현지 기업경영에 직접 참여하는 ( )투자이며, 현지국가로의 ( ) 이동이다. 또 간접투자는( )투자, ( )투자 등을 말한다. 반면 직접투자 방법에는 신설투자와 (M&A:)와 같은 기존 투자가 있다. 또 신설투자에는 다국적기업이 모기업으로서 현지국가에 100% 출자하는 완전( )형태와 현지기업과 공동출자하는 ( )형태가 있다.

- 국제 노동력이동 상황을 이해하기 위하여, 시대별과 인종별 특징을 서술해 보시오.
  1. 제2차 세계대전 이전의 백인종 :
  2. 제2차 세계대전 이전의 유색 인종 :
  3. 전후의 백인종 :
  4. 전후의 유색 인종 :

- 국제 노동력이동이 미치는 경제적 효과와 문제점에 대해서 설명해 보시오.
  1. 노동유출국에 미치는 영향 :
  2. 노동유입국에 미치는 영향 :
  3. 문제점 :

- 기업의 전략을 정의한 후 글로벌 전략이 무엇인지 설명하시오.

- 기업이 글로벌 시장전략에 나서는 이유를 찾아서 다음 항목에 대해서 서술해 보시오.
  1. 효율적인 비즈니스 활동 :
  2. 글로벌 네트워크 활용 :
  3. 글로벌 경쟁 대응 :

- 사업활동의 성과를 높이기 위하여, 글로벌 전략의 구조에 필요로 하고 있는 것은 무엇인지 논해 보시오.

- 기업의 글로벌 조직이 가져 오는 이익에 대해서 설명해 보시오.

- 다음은 글로벌 비즈니스가 가져오는 이익이다. 항목별로 설명해 보시오.
  1. 핵심역량의 이전 :
  2. 거점의 경제 :
  3. 경험곡선의 경제 :
  4. 통일된 이미지의 확립 :
  5. 학습 효과 :

- 다음은 글로벌 기업이 전체 비용절감과 지역시장에 대한 대응책으로 필요한 적절한 전략형태이다. 각 항목에 대해 설명해 보시오.
  1. 적응화 전략 :
  2. 표준화 전략 :
  3. 적응화 전략과 표준화 전략과의 관련성 :

- 다음은 해외전략의 옵션이다. 각 항목에 따라 그 특징을 서술해 보시오.
  1. 멀티 도메스틱 전략 :
  2. 지역전략 :
  3. 글로벌 전략 :
  4. 지역화와 글로벌화와의 관련성 :

- 기업의 글로벌화에 따른 적응화 전략이 갖는 의미가 무엇인지 논해 보시오.

제3장 이(異)문화와의 만남

제 3 장
이(異)문화와의 만남

문화는 생활 속의 경험을 통해 사회구성원 안에서 공유되는 하나의 가치체계이며, 장구한 세월을 거치면서 학습을 통해 습득되어 체계화된 생활양식이다. 문화는 사회마다 고유의 특성과 다양성을 지니고 있음으로 어떤 문화에 대해서 우열을 가릴 수 있는 성질이 아니다. 그렇지만 자기문화가 이문화와 접하게 되면 도덕, 관습, 신념, 가치관 등의 차이로 인해 의식의 충돌이 일어난다. 본 장에서는 이러한 충돌의 요인을 살펴본 후에 이문화와의 원활한 교제방법에 대해 서술한다.

1. 문화란

1) 자기 자신을 결정하는 것은 자기가 아니다

전철를 타고 가다 보면 젊은 여성이 거울을 보면서 화장에 열중하고 있는 모습을 종종 볼 수 있다. 이처럼 주위의 분위기를 아랑곳 하지 않고 거울에 열중하는 것은 아마도 거울 속에 비치는 자기에 대한 관심이 솟구쳐, 거울 너머에 있는 또 한 사람의 자기 자신 찾아 나서게 된 여행의 즐거움에 도취되어 있기 때문인지도 모른다.

그런데 자기란 무엇인가?[1] 가기는 타인과의 차이로 인해 결정된다. 타인과의 차이는 자기가 주위 사람들에게 끊임없이 발신하고 있는 행동이나 메시지의 특징에 의해 완성된다. 예를 들면, "그 사람은 주위 사람들을 위하여 헌신적이고 친절하다"라는 사람이 있다고 하자. 이 사람이 '헌신적이고 친절한 사람'이라고 결정한 것은 자기가 아닌 주위의 다른 사람들이다. 즉 자기라고 하는 것은 자신의 의사와는 무관하게 타인에 의해 결정지어 진다는 것이다.

사회적 만남 속에서의 행위자(주체자나 주인공) 개인은 다양한 역할과 행동 패턴을 연기하는 '자기'를 가지고 있다. 이러한 '자기'는 자신의 독특한 것을 주위에 끊임없이 발신하고 있지만, 이 발신정보의 내용은 자신의 신념과 가치관, 태도 등이 구체화된 것이라고 할 수 있다.

또 자기는 변하는 속성을 가지고 있어서 불변하는 것이 아니다. 예를 들면 몇년 전까지는 '불친절한 사람'이었지만 최근에는 '친절한 사람'이라고 알려져 있는 자기가 있다고 하자. 이것은 몇 년이라는 지나간 세월 속에서 주변 사람들에게 발신하고 있는 친절한 행위가 많아졌기 때문이다. 즉 자기라는 것은 시간의 흐름과 함께 변화 해 나가는 유동적인 것이다.

한편 이러한 '자기'에게는 유동적인 자기와 좀처럼 변하지 않는 중심적인 자기가 있다. 전자는 중심적 자기에서 벗어난 부차원적이며 주변적이고, 후자는 자기의 사고를 좀처럼 굽히지 않는 선악의 판단 기준이 되는 가치관, 신념 등과 같은 근본적인 자기 자신이다.

---

1) 여기에서 서술한 '자기'에 대한 정의는 주로 池田理知子 · EM Kramer, "이문화 커뮤니케이션 입문", 有斐閣, 2002년, pp.4~10를 주로 참고하였다.

결국 자기라는 것은 다른 사람들과의 접촉환경이나 사회 속에서 형성되어 가는 것이다. 예를 들면 유치원이나 초등학생 시절에 부모가 돌보아 주셨던 자기와 어른이 되어 책임감 있는 행동이 요구되는 자기와는 사뭇 다르다. 왜냐하면 어린 시절의 신념과 가치관, 도덕관, 태도 등이 세월과 함께 변화해 갔기 때문이다. 어쨌든 이러한 요소들이 구체적인 형태로 나타나고 있는 영역이야 말로 '자기'라고 할 수 있을 것이다.

2) 문화는 무엇인가?

문화라는 것은 결코 추상적인 것이 아니라 항상 생활 속에서 나타나고 있는 것이다.[2] 문화는 오랜 시간을 통해서 축적된 경험을 통해 나타나는 것이다. 예를 들면 일본에서는 음식물을 건네 받을 때 젓가락에서 젓가락으로 직접 받지 않는다. 그것은 화장터에서 죽은 사람을 태워서 남은 뼈를 둘이서 동시에 젓가락으로 한개씩 항아리 속에 집어 넣는데, 이러한 경험이 젓가락끼리 주고 받는 행위는 화장터를 연상시킴으로 재수 없게 된다고 생각하기 때문이다.

문화는 인간이 사회에서 학습한 지식, 신념, 관습, 도덕, 예술, 법률 등을 포함한 총체적 개념이 낳은 필드 안에서 완성 되어가는 것이다. 또 사람들은 각각 다른 학습경험을 가지고 있지만 그 사람이 속한 문화권에 서로 공유하고 있는 것이 적지 않다. 이러한 공유가 하나의 문화로 정해지는 것이다.

문화는 의식주를 비롯한 인간이 살아가는 생활 패턴으로, 어떤 영

2) 여기에서 서술한 '문화'에 대한 정의는 주로 '상게서', pp.15-17를 참고하였다.

역 안에서 사회생활을 통하여 형성되어 온 결과물이다. 여기에 문화가 형성되는 과정을 소개하면 ① 학습과 관찰, 경험 등을 통해 전수(Learned), ② 조직의 구성원으로서 문화를 공유(Shared), ③ 축적되어 다음 세대로 이전(Transgenerational), ④ 형성된 행위의 세계를 인식하여 구조화(Influence Perception), ⑤ 변화와 적응에 대한 개인의 능력 기반(Adaptive)이라는 특징이 있다.[3] 따라서 문화는 그 문화에 속한 구성원이라면 누구나 당연히 알고 행동하는 것이다. 예를 들면 일본 문화에서 성장한 사람이라면 '스시'를 먹을 때 포크로 먹으려고 하는 사람은 없다고 하는 일정한 정보를 공유하고 있는 것이다. 여기에 자기문화권에서는 어떠한 행동에 대해서 구성원 모두가 공유하면서 상식적인 행위에 해당되지만, 타문화권에서는 자기문화를 그렇게 알고 있지 않다는 것을 알아 둘 필요가 있다.

3) 태도와 신념

인간은 자신의 태도를 바꾸는 것은 결코 쉽지 않다. 예를 들면 '뱀이나 메뚜기'를 먹는 중국인 남편이 일본인 아내와 함께 살아도 이런 취향에 대한 태도를 바꾸는 것은 어렵다. 태도는 어릴 때부터의 사회화 과정에서 발생 축적되어 있기 때문에 중국인이 일본에서는 뱀 등을 먹지 않지만, 중국으로 돌아가면 먹게 된다. 이처럼 자신의 태도는 문화와 밀접한 관계를 가지고 있다.

즉 인간이 처한 환경과 그 사회의 문화는 태도에 따른 자기 형성에 상당히 관여하고 있다는 것을 의미한다. 예를 들면 일본에서 자란 사

---

3) 이한검 · 노남섭, 세계화시대의 기업문화, 형성출판사, 1996년, pp.4~5.

람은 집단적 행동의 경향이 미국에서 자란 사람이라면 개인적 행동의 경향이 잘 나타난다. 또한 일본에서는 '젓가락'의 사용법에 따른 식사 매너에 친숙해져 있으며, 미국이나 유럽 사람이면 '포크와 나이프'의 사용법에 준한 식사 매너가 자연히 몸에 익숙해져 있다.

한편 자신의 태도를 결정하는 중요한 요소라고 할 수 있는 신념은 '올바른 것이나 잘 못된 것'의 선악 판단의 기준이 아니며 객관적 사실도 아닌 주관적 사고이다. 그러나 자기 가치관의 기준이 되는 신념은 [도표 Ⅲ-1]과 같이 같은 신념이라도 그 레벨에 따라 정도 차이를 엿볼 수 있다.

도표 Ⅲ-1 **신념의 정도**

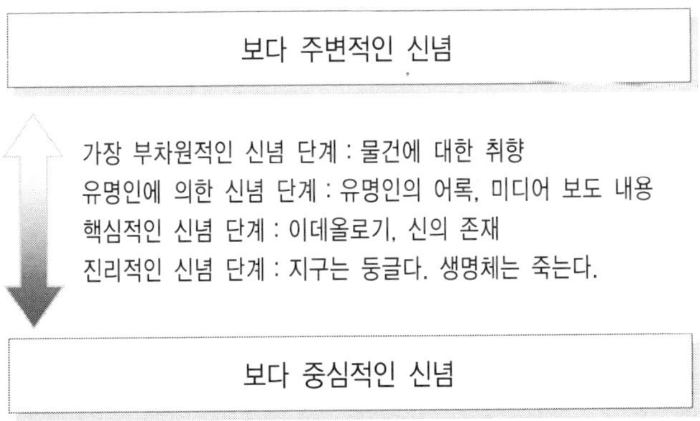

자료 : 池田理知子· EM Kramer, '전게서', pp.7~11를 참고로 작성

4) 아이덴티티

아이덴티티(Identity)는 '자기 정체성'이라고도 하며 타인과 구별되는 특징을 말한다. 그런데 이 아이덴티티는 자기와 다른 타인, 특히

이문화권의 사람과 만나면 서로간의 차이가 분명해지는데, 이러한 만남으로 인해 자기의 아이덴티티의 특징이 분명해 진다.[4] 즉 아이덴티티는 다른 사람과 비교해 보면 잘 알게 되는 상이한 경계이기도 하다. 그런데 이 경계를 결정하는 것은 자신이 아니라 주위의 사람들이 결정하기 때문에 비교대상에 따라 아이덴티티는 달라진다. 예를 들면 '좀 뚱뚱한 사람'과 '스모(일본 씨름)'선수를 바로 옆에서 견주어 보며 '좀 뚱뚱한 사람'이 전혀 뚱뚱하다고 생각되지 않는다.

이처럼 아이덴티티는 비교대상에 따라 변화하는 복잡한 것이다. 예를 들면 어떤 학생의 경우, 학교에서는 면학에 힘 쓰는 학생, 아르바이트 직장에서는 고객에게 친절한 태도로 일하는 직원이 되며, 집에 돌아 오면 부모에게 응석부릴 수 있는 자녀가 되는 등 복잡하고 다양한 아이덴티티를 가지고 있는 것이다.

2. 문화의 충돌과 커뮤니케이션에 따른 융합

1) 시간관념, 가치관, 도덕관의 상이

(1) 시간관념에 나타나 있는 상이한 문화

자신의 문화와 상대방과의 문화적 차이는 시간관념에 잘 나타나 있다. 어떤 문화권에서는 우리가 일상생활 속에서 항상 긴장 속에서 움직이고 하루 24시간 그 자체에 얽매이지 않고 있다. 친구들끼리의 약

4) 여기서의 '아이덴티티'의 정의는 池田理知子 · EM Kramer, 전게서, pp.17~19를 주로 참고하였다.

속시간은 제쳐두고, 비즈니스 현장에서도 약속된 시간보다 훨씬 지연되더라도 별로 개의치 않는 문화권이 있다. 예를 들면 중동지방에서는 회의시작 시간이 1시간 정도는 지연되는 것은 당연한 것으로 여기고 있다. 또 중국에서는 국내선 비행기가 2시간 정도 늦게 출발해도 '예정보다 지연'이라는 안내 방송조차 하지 않는다. 2시간 지연은 상식 이하임으로 이해하기 힘든 우리들의 문화권에서 성장한 사람들은 안절부절하지만, 중국 현지인에게는 2시간 정도 쯤은 아무도 개의치 않는다.

정확한 시간에 맞추어 움직이는 문화권에서 자란 우리들은 조금이라도 시간을 낭비하지 않도록 계획이나 예정에 맞추어 매일 같이 24시제 시간에 쫓기고 있다. 이러한 우리의 생활 패턴에 대해서 시간에 구애받지 않는 문화권의 사람들은 "좀 여유를 가지고 너그러이 살아 살 수는 없는 것인가"라고 의문을 가지고 있을 것이다.

(2) 가치관, 도덕관의 상이

자기 문화와 상대방 문화와의 차이는 상호의 가치관과 도덕관을 중심으로 하는 차이에서 발생한다. 이러한 가치관과 도덕관은 어떤 문화권 안에서 공유되며 학습해가는 것이다. 또 가치관과 도덕관은 자신과 상대방을 평가하는 표준이 되면서 다른 문화권과의 차이를 초래하는 원인이 된다. 그러므로 가치관과 도덕관은 어떤 사람이 태어나서 자라온 문화권에 따라 천차만별하게 나타나는 것이다.

우리들은 이러한 차이를 직시하지 않으면 상대방인 지닌 이문화를 자신의 문화적 가치기준으로 평가 내지는 폄하해버리는 과실의 우려가 있다. 예를 들면 나치스는 자기 민족 중심의 평가에서 '게르만 민족'은 우수한 민족이고 다른 민족 특히 '유대 민족'에 대한 잘못된 가치관으로 인해 대학살을 정당화하게 된 것이다.

한편 우리는 인도네시아 사람들이 길에서 자주 침을 뱉는 것을 보고 더럽고 도덕심이 없다고 생각하기 쉽다. 반대로 인도네시아 사람들은 우리가 코를 푼 손수건을 주머니에 넣어 두는 것을 더럽다고 생각하는 것처럼 문화권에 따라 도덕의 기준도 상이하다.

2) 커뮤니케이션으로 인한 이문화와의 융합

(1) 커뮤니케이션과 문화 융합

이문화와의 충돌을 극복하고 상호 이해를 돕기 위해서는 커뮤니케이션의 역할이 중요하다. 커뮤니케이션은 사람과 사람 사이에서 발생하는 지각, 감정, 생각 등을 전달하는 것이다.[5] 자신의 의견이나 생각을 타인에게 원활하게 전달하는 커뮤니케이션 방법에는 언어의 역할이 가장 크지만, 신호(예를 들면, 야구 경기 때에 포수가 투수에게 보내는 사인), 침묵(예를 들어, 수업 중에 학생이 시끄러울 때 선생님의 침묵)과 같은 비언어적 커뮤니케이션 방법도 있다.[6]

언어 커뮤니케이션의 방법은 때때로 자신의 의지와는 달리 잘못 전달되는 경우도 적지 않다. 예를 들면 상대방의 말에 맞장구치는 것을 들 수 있다. 일본인의 경우에는 대화할 때 자주 맞장구를 치지 않으면 말하는 사람의 이야기를 귀담아 듣지 않는다고 오해하기 십상이

5) 여기서의 '커뮤니케이션과 이문화 융합'의 내용은 池田理知子 · EM Kramer, 전게서', pp. 20~41.를 주로 참고하였다.

6) 커뮤니케이션의 방법에는 언어가 큰 역할을 하고 있지만, 비언어의 역할도 적지 않다. 비언어 커뮤니케이션으로는, 외모, 몸짓, 보디 랭귀지, 태도, 눈짓, 후각 등이 여기에 해당된다.

다. 한편 미국인의 경우에는 자주 맞장구를 치면 빨리 말하라고 재촉하는 것으로 오인하기 십상이다. 이처럼 언어는 때로는 커뮤니케이션의 원활화를 저해하는 요인이 되기도 한다.

언어는 미스커뮤니케이션을 초래하는 경우가 적지 않지만 메시지 전달 수단으로서는 큰 역할을 하고 있는 것에는 틀림 없다. 언어능력 자체가 '힘'이 되어 지금까지 없었던 새로운 관점을 갖게 하는 것으로 이어진다. 언어는 그 사람의 생각이나 살아온 세계와 사회 문화를 반영하고 있다.

커뮤니케이션은 이문화와의 원활한 교제를 위하여 빼 놓을 수 없는 요소이다. 커뮤니케이션은 거듭하면 할수록 지금 까지와는 다른 새로운 자신을 발견할 수 있게 하며, 나아가 이문화와의 충돌을 빨리 극복하게 해주는 중요한 역할을 하고 있다.

(2) 이문화와의 커뮤니케이션을 방해하는 요인

상술한 바와 같이, 이문화와의 만남은 언어 · 비언어적 커뮤니케이션을 통해 상호 간의 이해와 신뢰가 깊어 질 수 있다. 그러나 이러한 행위가 오해나 잘못된 해석으로 인해 원활한 커뮤니케이션을 방해하는 경우도 적지 않다. 여기에 커뮤니케이션의 장애요인으로는 다음과 같은 것을 생각해 볼 수 있다.[7)]

(a) 자기 민족 중심주의(Ethnocentrism)

자기 민족 중심주의는 자신의 문화가 본래 우월하고 상식적인 것이라고 굳게 믿고 있는 것이다. 이런 생각이 강한 사람은 이문화와의

---

7) 여기서의 '커뮤니케이션의 장애 요인'은 '이신모, 글로벌 스탠더드 문화경영', 두양사, 2007년, pp. 183~187을 참고로 하여 기술하였다.

만남을 무작정하고 자신의 문화 잣대로 평가하고 싶어한다. 자기 민족 중심주의에 관한 상세한 것은 다음 절에 있는 '3. 3)'을 참조하기 바란다.

(b) 태도

이문화권의 사람들이 자신의 문화 규범적 기대와 동떨어져 있는 태도를 보이면 자기 자신은 상대방의 태도에 대해 오해한다. 예를 들면 구미인들은 사람들과 대화할 때 상대방의 시선에 맞추어 응시하면서 말한다. 일본에서 이런 태도를 취하면 그 구미인은 건방진 사람이라고 오해될 여지가 있다.

(c) 선입견

원활한 커뮤니케이션을 방해하는 오해는 일반적으로 사람들이 다른 집단에 대해 가지고 있는 선입견 때문에 생기는 경우가 많다. 이 선입견은 개별적인 차이라든가 예외를 인정하지 않고 기존의 범주 안에서 판단하게 하는 것이다. 아주 새로운 정보라고 해도 기존의 카테고리 안에서 생각하게 되면 관련된 정보는 선입견을 증폭시키는 경향이 있다.

(d) 언어

언어는 커뮤니케이션을 가장 원활히 하는 요소임과 동시에 방해하는 요인이 되기도 한다. 특히 발신자의 의도와는 다른 해석을 하는 경우가 문제이다. 이것은 서로가 같은 언어를 사용하는 경우에도 마찬가지이다. 예를 들면, 영국인인 화자가 좀 더 회의를 진행하려는 의미에서 'Table(심의)'이라고 했는데, 청자인 미국인은 회의를 일시적으로 종료 'Table(연기, 보류)'하는 뜻으로 오인해 버리는 경우가 있다.

(e) 에티켓과 비언어적 행동

특정 문화권의 매너, 몸짓, 표정, 자세의 의미를 이해하기 위해서는 그 문화에 대한 구체적인 지식이 필요하다. 예를 들면 우리들 문화에서는 가운데 손가락으로 물건을 가리키는 경우가 있는데, 미국인들은 이런 것을 음란한 행위를 암시하는 경우로 받아 들일 수가 있다.

(f) 화제

일반적으로 정치, 성적 문제, 종교, 나이, 자신의 문화와의 비교 등을 화제로 하면 언쟁이 되기 쉽다. 예를 들어 이스라엘인과 팔레스타인 문제, 아랍국가권과의 테러리즘, 멕시코인과 불법이민 등을 화제로 하면 각자에 처한 서로 다른 민감한 입장차이로 원활한 커뮤니케이션을 할 수 없게 된다.

(g) 스타일

이문화와의 원활한 만남은 문화마다 스타일의 차이를 인정할 필요가 있다. 특히 언어에 따른 표현방법이 문화마다 다른 스타일을 지니고 있다는 것에 주의해야 한다. 하지만 여기에서 말하는 스타일은 단순한 단어 선택이라든가 목소리 톤에 의한 커뮤니케이션에 머물지 않고, 몸 동작이나 격렬한 거부 등의 스타일에 의한 감정전달까지 포함한다.

(h) 시간과 장소

이문화권과의 의사소통을 원활하게 하려면 적절한 시간과 장소를 빠뜨릴 수 없다. 예를 들면 이슬람 문화권에서는 특히 라마단 시기에 그들 앞에서 음주는 물론 식사 권유를 해서는 안될 것이다. 또 프랑스인과 같이 식사할 시에는 일반적으로 비즈니스와 관련된 내용은 삼가하는 것이 좋을 것이다.

(3) 컬처쇼크과 문화 융합[8)]

(a) 컬처쇼크 현상

- 기대와는 상반된 위화감

  컬처쇼크(Culture Shock)는 자신이 경험한 상식과 상반되는 비현실적인 사실에 직면했을 경우에 생긴다. 이문화권의 싸인이나 해석이 자신의 상식 안에서는 수용할 수 없는 위화감이 너무 크면 욕구불만(Frustration)이 쌓이게 된다. 이윽고 상대방의 미묘한 표정이나 뜻을 이해할 수 없고 오해, 오인과 같은 상대방의 의도와 다른 해석을 하게 된다.
- 스크립트 불일치

  자신이 생각한 스크립트(Script: 대본)대로 일이 진행되지 않을 경우에는 안절부절하거나 초조함을 감출 수 없게 된다.
- 원만한 인간관계의 붕괴단계

  자신이 이문화 상대방의 말이나 제스처를 이해할 수 없고 미묘한 뉘앙스를 모르기 때문에 다른 사람들과의 교제나 만남이 어렵게 된다. 이런 단계에 이르러면 스스로가 커뮤니케이션을 잘 운용할 수 없어서 다른 사람과의 만남이 불안하게 되고 우울해진다. 사회적 인간으로서의 대인관계를 잘 유지하지 못하고 대인기피, 공포감, 고뇌 등이 증폭되어, 컬처쇼크로 연결된다.

---

8) 여기에서의 '컬처쇼크와 문화 융합'에 대한 내용은 "池田理知子 · EM Kramer," 전게서, 158~159 페이지를 참고로 하여 서술하였다.

(b) 컬처쇼크과 문화 융합

이문화와 만나면 대부분의 사람들은 컬처쇼크를 경험한다. 또한 컬처쇼크를 극복한 대다수의 사람들은 지금까지 깨닫지 못했던 새로운 이문화 탐구의 길에 오르게 된다. 이러한 새로운 이문화 탐구라는 것은 이문화권의 사람과 만나고 나서 상대의 문화를 이해하는 단계로 발전하고 이문화권의 룰을 이해할 수 있게 되는 것을 말한다. 이윽고 자신과 이문화에 대해서 나름대로의 해석 및 수정이 가능하게 된다. 이 단계로 발전하면, 발전한 자신과 함께 상대방과 환경 모두에 적응해 간다. 이러한 발전은 컬처쇼크를 거쳐 새로운 만남의 패턴을 낳는다.

3. 이문화와의 공존

이문화와의 공존을 도모하기에는 많은 장애물이 있다. 전술한 바와 같이 이 장애물을 극복하기 위해서는 이문화와의 커뮤니케이션이 필수적이다. 여기에서는 이문화와의 충돌시 그 극복과정에 대해서 서술한다.

1) 이문화와의 충돌

인간사회의 일상생활 양식은 그 집단의 도덕, 관습, 습관, 평가, 수치심, 법률, 가치관 등이 반영되는 규칙 안에서 영위되고 있다. 이 규칙이 무너지게 되면 인간은 불안이나 동요가 생긴다. 이런 것이 발생하는 요인은 일상생활 양식을 결정하는 가치관이 집단에 따라 다르기 때문이다. 이러한 집단별 차이가 다양한 문화를 생성시키지만, 자신의 문화와 상반됨에 따라 충돌이 생긴다.

2) 충돌을 극복하여 상호 이해에 필요한 요소

이문화와의 충돌을 극복하려면 상호 이해를 높이는 이문화 운용능력의 향상과 의도의 불확실성에 대한 인식이 필요하다.[9)]

(1) 커뮤니케이션 운용능력의 높이

이문화를 이해하려면 커뮤니케이션의 운용능력이 필수적이다. 그것은 적절한 장면에서 적절한 커뮤니케이션이 가능하며, 상대방을 서로 아는 것이다. 커뮤니케이션 능력의 평가는 필요에 따라 적응할 수 있는 능력, 회화 표현능력, 대화의 관리능력, 상대와의 공감능력, 목표달성에 대한 성과, 적절한 태도 등으로 판단할 수 있다.

그런데 인간은 무리하게 상대방 문화에 자신의 행동을 맞추려고 하면 불안과 피로가 쌓이게 된다. 자신의 행동을 항상 조심하면서 상대에 맞추려고 힘을 다하며, 세심한 주의상태가 계속되면 자기붕괴를 일으킨다. 그러나 자기붕괴를 극복하면 처해진 환경에 따라 자연스럽게 반응하고 즐거운 이문화 여행의 길을 갈 수 있다. 이것은 동요와 불안상태가 사라지고 자기 나름대로의 새로운 교제방법을 창출해 간다는 것을 의미한다.

이처럼 자신이 이문화와 새로운 교제방법을 습득 창출하게 됨에 따라 이문화의 기본적인 규칙을 이해하여 점차적으로 이문화의 규칙에 그때마다 자연스럽게 몸이 반응할 수 있게 된다. 예를 들면 외식산업 접객 담당자가 고객대응 방법을 메뉴얼에 따라 수행하도록 상사로부터 지도를 받는 것을 생각해 볼 수 있다. 마치 접객담당자가 한동안

9) 여기에서 서술한 '커뮤니케이션의 운용 능력과 의도의 불확실성'의 내용은 "상게서", 187~195 페이지를 참고하였다.

은 메뉴얼에 따라 움직이기 때문에 불안과 긴장의 연속이지만, 익숙해져 가면 자연스럽게 몸이 메뉴얼대로 움직이게 되는 것과 같다.

(2) 의도의 불확실성 극복

이문화 커뮤니케이션이 행해지고 있는 때, 메시지의 발신자는 명확한 의도를 가지고 있지 않았지만, 이것을 받아 들이는 수신자에 따라서 어떠한 의미가 부가되어 상호간의 의도 불일치와 불확실성으로 나타난다. 또는 발신자가 비록 명확한 의도를 가지고 수신자에게 전달한 메시지라고 할지라도 발신자 의도대로 수신자에게 잘 해석되었는지 여부는 불분명하다. 오히려 수신자가 받아들여 파악하는 방법에 따라 다양한 의미로 해석되는 경우가 많다.

이처럼 의도의 불확실성을 고려하면 문화와 문화의 차이는 더욱 오해나 오인을 초래하기 쉽다. 따라서 이문화와의 원활한 만남을 위해서는 상대방의 의도를 어떻게 이해할 것인가 중요하다. 예를 들면 선생님이 지각한 학생에게 "빨리 왔네"라고 하면 말 그대로 정말로 일찍 온 것이 아니라 늦게 온 학생들을 꾸짖는 의미이다. 이처럼 다소 문법적으로 맞지 않는 우회적 표현이나 완결되어 있지 않는 말 또는 서면에 의한 그런 의도의 불확실성을 어떻게 이해할 것인가가 중요하다. 말이 막연해도 분위기 상황 · 맥락을 잘 파악하는 사람은 원활한 커뮤니케이션이 가능하다.

이문화와의 커뮤니케이션은 그렇다 하더라도, 같은 문화와의 커뮤니케이션에서도 그때마다 완전히 서로 이해할 수 있는 것은 많지 않다. 지금은 잘 모르고 있었던 것이 어느 정도 시간이 경과한 후에 알게 되는 경우도 많다. 또한 경험이 많아질수록 지나간 당시의 일이 자신의 짐작이나 믿음, 자기 만족이었다는 것을 알게 되는 경우도 적지 않다. 이문화 커뮤니케이션은 경기나 게임과 같은 정해진 규칙이 없다. 이것은 마치 '이야기가 재미있어서 점점 길어지는 대화'와 같다. 이야기가 흐름을 타고 재미있어서 대화가 멈출줄 모르고 서로가 주고 받는 사이에 점차 다른 단계로의 화제와 이야기의 내용이 부풀어 오른다. 이처럼 이문화 커뮤니케이션에는 불확정 요소가 부차적으로 발생하여 예측도 못한 새로운 화제와 세계가 펼쳐져 간다.

3) 자민족 중심주의의 극복

사람들은 다른 민족에 대해서 배타적이고 경멸적으로 생각하는 경향이 있다. 특히, 자민족 중심주의(Ethnocentrism)는 다문화와의 커뮤니케이션을 방해하는 주요 요인이 된다.[10] 이문화권 사람들의 행동에 대해 자신의 문화기준으로 가치를 평가하기 때문에 자국의 문화가 다른 나라보다 우수하다고 생각하기 쉽다. 일반적으로 자신의 문화는 태어나서 처음부터 습득해 나가기 때문에 자신의 문화가 자연스럽게 익숙해 지게 된다. 따라서 자신의 문화는 항상 지극히 상식적이면서 좋고, 이문화의 것은 비상식적이고 잘 못된 것이라고 생각하는 경향이 있다.

자민족 중심주의는 역사적 사실에서 잘 엿볼 수 있다. 예를 들면 조선출병과 중국침략이라는 역사적 사실은 한국과 중국에서 보면 일본은 '침략자'이며, 일부 일본인 입장에서의 일본은 '진군자'로 해석

10) 여기에서의 자민족 중심주의에 대한 내용은 Ferraro, GP, The *Cultural Dimension of International Business*, Prentice Hall, Inc. 1990(江夏健一 · 大田正孝訳, 이문화 메니저먼트, 同文館, 2002년, pp. 59~72)를 참고로 하여 서술하였다.

한다. 또한 야스쿠니 참배는 한국인과 중국인으로부터 보면 '전쟁 미화'이며, 전몰자 유족이 보면 단순히 '조상의 영령에 대한 감사 위로'에 지나지 않는다. 같은 행위라도 문화에 따라서는 그 사실에 대한 해석이 상반된다. 어쨌든 세계지도를 보면 자국이 지도의 한 가운데에 있으며 세계의 중심인 것처럼 사람들이 얼마나 자기 민족 중심인지를 알 수 있다.

자민족 중심주의의 기본생각은 이문화적인 행동이 항상 그릇되며 뒤떨어진 것이라고 생각하기 십상이다. 그러나 타문화권의 사람들은 우리의 문화에 대해 비상식적이며 불합리한 것으로 여기고 있는 것이다. 나는 지극히 상식적인 것이라고 생각하고 있지만 다른 사람이 보면 비상식적일 수 있으며, 다른 사람이 생각하는 상식적인 행농이 내가 볼 때는 비상식적이고 무례한 행위라고 생각하기 쉬운 것이다.

예를 들면, 다음의 행위는 일본의 상식과 다른 사례라고 할 수 있겠다.

- 프랑스 남자는 여자보다는 향수를 많이 사용한다.
- 독일에서는 손을 이용하는 제스츠는 가급적 피하며, 특히 거수하는 것은 좋지 않다
- 이탈리아의 아이들은 보통 초콜릿보다 빵에 끼워서 먹는 초콜릿을 더 좋아한다.
- 영국에서는 콧물을 훌적거리는 것보다 코를 푸는 것을 더 좋아한다.
- 미국에서는 화장실에 아무도 없는 경우에는 화장실 문이 열려 있다.
- 많은 국가에서는 토론할 때 직접적인 표현을 사용하며 명확한 답변을 요구한다. 그러나 일본에서는 직접적인 표현을 자제하는 경향이 있으며, 빠르고 명확한 결론을 위하여 내용 확인을 촉구하면 '무례한 사람'으로 보여질 수 있다.

이문화와의 만남

문화 그 자체가 복잡한 것이며, 또한 새롭게 창조되어 가기 때문에, 문화를 이해하는 것은 결코 쉽지 않다. 그렇기 때문에 사람들은 다양한 차이와 접하게 되면 놀라거나 무시하기도 하고, 혐오감을 보이는 경우가 적지 않다. 자신의 문화 잣대로 자기 문화가 '다른 문화보다 항상 우수하다'라고 생각하는 우월감에 젖은 편견과 오해를 어떻게 극복하느냐가 큰 과제이다. 일본 사람들은 자신을 솔직하게 표현하는 데에 익숙해 있지 않고, 상대를 배려하는 의미에서 본심을 잘 말하지 않으며, 명분 때문에 명확하게 말하지 않고 애매한 표현을 잘 사용한다. 유학생이 일본에 와서 일본어 자체는 할 수 있지만 상대방에게 본심을 그대로 표현하면 반감을 불러 일으켜, 대인 관계가 나빠진다. 또한 일본 사람들이 별로하지 않는 과도한 몸짓, 제스처 등을 하여 주위의 친구들에게 비웃음을 사게 되어 교제에 대한 자신감을 잃어버린 유학생이 있지 않을까?

Review & Discussion Questions

다음과 같은 문화형성과 관련되어 있는 내용에 대해서 확인해 보기로 합시다.

- 문화라는 것은 사회의 일원으로서의 사람들이 필요로 하는 지식, 신념, 예술, 관습, 도덕, 법률, 그리고 수용능력 등을 포함하는 생활양식의 종합체이다.
- 문화형성과 밀접한 관계가 있는 종교는 신성한 영역으로 간주되고 있는 신념과 의식으로 공유되어 있는 시스템이다. 또한 윤리는 인간의 행동방침과 행동양식에 익숙하게 하는 도덕적 원칙, 가치와 밀접하게 관련되어 있다.
- 가치는 어떤 사회가 바람직하다고 여기는 선악, 올바름 등의 판단기준이 되며, 추상적으로 추구하는 이상이다. 규범은 이러한 것

들을 규정하고 사회적 행동 기준으로서 규칙과 지침이 된다.

- 가치와 규범은 정치 · 경제 정책, 사회구조, 종교, 언어, 교육 등에 의해 영향을 받는다.
- 어떤 사회 안에서 개인은 사회조직의 기본구조의 일원으로 되어 있다. 사회는 각 조직의 목표달성을 강조한다. 무엇보다도 개개인은 집단을 이루고 있는 회원과의 협조하에 집단의 목표달성의 중요성을 알게 한다.
- 모든 사회는 서로 다른 계층을 지니고 있다. 계층의식이 높은 사회에서는 계층 간 사회적 이동이 제한되어 다양한 성층(成層: Stratification)이 존재한다. 한편 계층의식이 낮은 사회에서는 계층간 사회적 이동이 많게 나타나며, 성층이 많지 않다.
- 언어는 일정한 지역 문화의 특징으로 나타나고 있다. 때문에 일반적으로 단일 언어 국가보다 다언어 나라에서 다양한 문화가 내재되어 있다.
- 표준화 교육은 숙련 학습을 통해 개인을 보편화시키고 개별적인 규범과 가치를 사회화시킨다. 문화는 이러한 요소를 기반으로 하고 있으므로 개별적인 가치와 규범은 그 사회에 있어서 문화의 핵심 코어 부문으로 되어 있다고 할 수 있다.

• 다음 단어를 정의해 보시오.

(1) (자기) 자신 :

(2) 문화 :

(3) 태도와 신념 :

• 아이덴티티는 자신과 이문화권이 만나면 그 차이에 의해 경계가 보이게 된다. 이런 아이덴티티에 대해서 간략하게 서술해 보시오.

- 시간관념에 잠재해 있는 이문화 사회에 대해서 서술해 보시오.

- 가치관과 도덕관 등의 상이가 초래하는 이문화 형성의 상황을 설명해 보시오.

- 이문화와의 융합을 촉진하는 커뮤니케이션의 역할이 무엇인지를 서술해 보시오.

- 다음은 이문화와의 커뮤니케이션 원활화를 방해하는 요인들이다. 각 항목에 따라 그 요인을 간단히 설명하시오.
  (1) 자민족 중심주의(Ethnocentrism) :
  (2) 태도 :
  (3) 선입견 :
  (4) 언어 :
  (5) 에티켓과 비언어적 행동 :
  (6) 화제 :
  (7) 스타일 :
  (8) 시간 :
  (9) 장소 :

- 컬처쇼크를 받는 과정을 열거한 후에 그 극복 방법을 서술하시오.

- 이문화 융합에는 커뮤니케이션의 역할을 빼놓을 수 없다. 그 커뮤니케이션의 중요성에 대해서 논하시오.

- 이문화와의 공존을 위해서는 자신과 다른 가치관과의 충돌을 극복하는 것이 중요하다. 그런 극복방법에 대해서 자기의 의견으로 논해 보시오.

- 다음은 이문화와의 상호 이해를 위해서 필요한 요소이다. 각 항목에 대해서 설명하시오.
  (1) 통신 운용능력의 높이 :
  (1) 의도의 불확실성의 극복 :

- 글로벌 스탠더드와 문화형성과는 어떤 의미를 가지고 있는지를 서술해 보시오. 더욱이 미국형 경제 · 경영 시스템과 글로벌 스탠더드에 대한 자신의 의견을 논해 보시오.

- 자민족 중심주의가 이문화에 대한 이해를 방해하는 요인에 대해 언급한 다음, 그 요인에 따른 극복방책을 자신의 경험이나 의견으로 서술해 보시오.

- 산업혁명과 국제경제의 형성과정에 대해 설명하라.(단, '국내 사람들이 해외로 이주, 외국인이 국내에 이주, 해외투자 등이 초래한 이문화 교류의 활발화 과정'을 중심으로 설명)

- 국제경제의 발전과 국제 노동이동이 이문화 교류에 미친 영향으로 생각되는 것에 대해서 서술하시오.

- 세계대전이 발발하기 전의 국제 노동유입국이 이주노동자(주로 유색인종이 백인 중심 국가로 유입)에게 행한 행위 중에서 이문화와의 공존을 저해한 문제점에 대해서 논하시오.

제4장 기업문화와 다문화 경영

제 4 장
기업문화와 다문화 경영

문화는 금전으로 교환 가능한 상품이 아니며 그 자체에 내포하고 있다. 그러나 경제와 문화는 상호 관련성을 가지고 있다. 기업이 자국에서의 경영범위를 넘이 외국기업과 거래를 할 때에는 자국과 다른 기업문화와 어떻게 접하는가 중요하다. 본장에서는 기업문화란 무엇인지, 이문화 경영의 중요성 등을 다루고 있다.

1. 기업문화의 형성

1) 기업문화

(1) 기업문화란

기업문화란, 기업조직에 소속되어 있는 구성원이 사업화와 더불어 공유하고 있는 가치관, 신념, 비즈니스 관습, 상식, 전통, 지식, 노하우 등에 의해 형성되는 것이다. 기업문화는 기업이 설립된 이래 축적되어 온 멤버들의 공유가치와 경영이념, 경영 관행, 기업의 상징이 구체화된 것이다.

이러한 기업문화 형성에 가장 큰 영향을 주는 것은 소속되어 있는 구성원의 공유가치이다. 이 가치관이 멤버에게 폭넓게 공유 · 공감되어 있으면 있을수록 그 기업은 강한 문화를 유지하고 있다고 할 수 있다. 구성원의 공유가치는 기업의 비전과 철학에 의해 형성된다. [도표 Ⅳ-1]과 같이, 기업문화 형성의 핵심부분이 되는 기업철학은 그 기업의 분위기, 조직문화, 경영문화, 직장풍토 등으로 나타나고 있다. 따라서 기업문화는 조직 구성원에 의해 공유되고 있는 인식 내지 가설 · 가정이며, 독자적인 가치 시스템과 관행이다.[1] 기업문화는 기업 구성원의 행동에, 멤버의 가치는 기업문화의 형성에 영향을 미친다.

도표 Ⅳ-1 기업문화의 측면

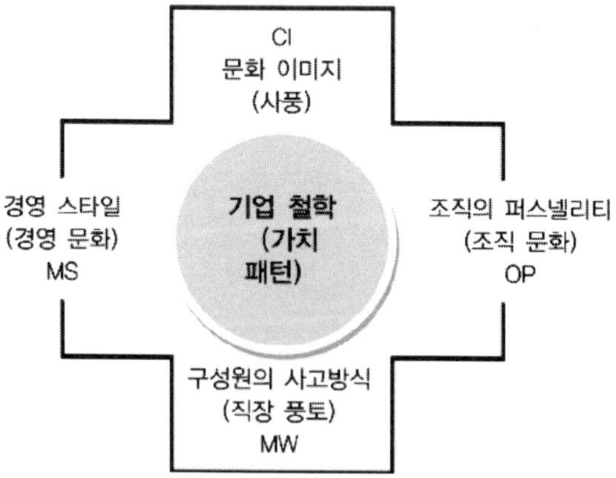

자료 : 梅沢正, 組織文化 経営文化 企業文化, 同文館, 2003년, p.16.

1) 城座良之 · 清水敏行 · 片山立志共著, 글로벌 마케팅(三改訂), 세무회계협회, 2003년, p.138.

(2) 문화의 기업화와 기업문화화

도표 Ⅳ-2 기업의 문화화 – 매크로 기업문화론

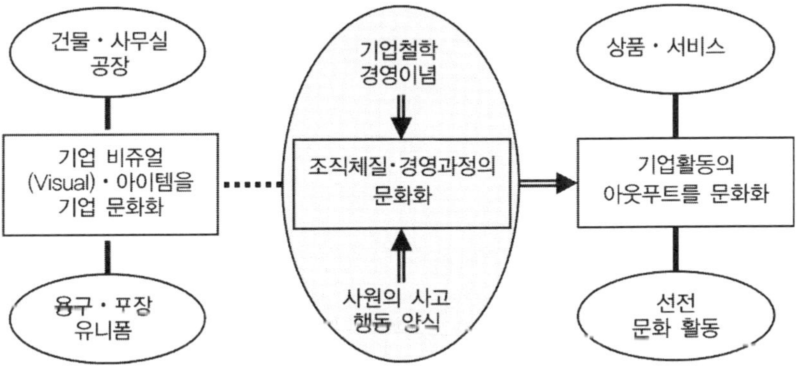

자료 : 梅沢正, 組織文化 経営文化 企業文化, 同文館, 2003년, p.31.

기업은 자사의 창립과 사업화 초기에는 현지의 문화와 환경에 크게 영향을 받는다. 기업이 지역문화의 영향을 받아 형성되는 기업 이미지를 문화의 기업화라고 할 수 있다. 한편 기업문화화는 기업의 성장과 실적에 따라 기업의 이미지가 축적되어 가는 것이다. 여기에 기업의 문화화 과정은 [도표 Ⅳ-2]와 같이 나타낼 수 있겠다.

(3) 기업문화의 구성요소

(a) 가치의 공유(Shared Value)

가치의 공유는 조직 구성원의 행동과 사고를 같은 목적으로 집중 지향하게 하는 원칙과 기준이 된다. 또한 가치의 공유는 구성원에게 조직의 유지와 취지에 따른 성공을 위한 청사진이다. 이처럼 가치의 공유에는 회원이 일반적으로 감지하는 가치관, 이념, 기업의 존재 목적 등이 여기에 해당된다.

(b) **전략**(Strategy)

전략은 기업이 시장환경을 잘 적용하며 자사의 자원을 잘 활용하여 효율적인 성과를 나타내는 청사진이므로 장기적인 목적과 목표, 계획 책정 등이 여기에 해당된다. 또 전략은 기업성과를 높이기 위하여 경영자원을 적절하게 배분하는 방법을 제시하는 것이기도 하다. 전략은 가치의 공유를 유도함과 함께 조직의 운명과 구성원의 행동지침을 제시하기 하므로 기업문화 형성에 적지 않은 영향을 미친다.

(c) **스킬**(Skill)

장기적인 목표와 계획이 전략이라면, 스킬은 그 전략을 원활하게 수행하게 하는 중요한 수단이 되는 것이다. 따라서 전략이 바뀌게 되면 스킬도 자연히 바뀌는 경향이 있다. 또한 전략은 수시로 변하는 것이 아니지만 스킬은 시대와 환경에 따라 수시로 변화할 수 있는 것이다. 스킬은 장비, 공정기술 뿐만 아니라 구성원의 동기부여 및 목표관리, 일정 및 예산 관리 등과 같은 관리 노하우도 포함된다.

(d) **구조**(Structures)

구조란 기업이 전략을 실행하기 위한 프레임 워크를 말한다. 구체적으로는 기업이 원활한 목표달성을 위하여 편성한 조직구조, 직무분류 구조, 역할분담 구조, 책임 구조 등이 여기에 해당된다.

(e) **시스템**(System)

시스템은 비즈니스 활동중에서 반복되는 의사결정의 명확성과 일관성을 유지하기 위한 프레임 워크이다. 시스템은 업무에 대한 평가나 인사평가 등의 방법과 같은 관리 흐름, 사업계획 및 목표설정, 실행결과의 조정 및 컨트롤 등이 여기에 해당된다. 따라서 시스템은 구성원의 행동이 분산되지 않도록 체계화하여 일정한 방향으로 유도하는 중요한 역할을 한다.

(f) **구성원**(Member)

구성원이란 기업이 필요로 하는 사람을 말하며, 기업문화 형성의 주체이기도 하다. 여기에서의 구성원은 단순히 인력을 형성하고 있다는 의미에 머물지 않고 인력구성의 능력이나 지식 등의 종합체를 말한다.

(g) **스타일**(Style)

스타일은 구성원을 이끌어가는 전반적인 조직관리의 형태이다. 예를 들면 진보적, 적극적, 민주적, 보수적, 온정적, 카리스마적, 유기적 경향과 같은 것이 스타일이라고 할 수 있다. 스타일은 조직 전반에 머물지 않고, 구성원 개개인의 특성, 특히 CEO(최고경영자)의 스타일이 기업문화의 형성에 미치는 영향이 크다. 왜냐하면 CEO의 스타일은 구성원의 행동지침을 비롯한 구성원들끼리의 상호 관계와 조직분위기에 직접 간접적으로 관여하기 때문이다.

(4) 기업문화의 내용별에 따른 유형

기업문화를 구성별로 분류하면 관념문화, 제도문화, 행동문화, 시청각문화로 나눌 수 있다([도표 Ⅳ-3]을 참조). 기업은 이러한 유형들의 문화가 서로 어울러져 자사의 문화로 나타나고 있다.

도표 Ⅳ-3 **기업 문화의 구성 항목(관찰 실태에 따른 샘플)**

관념 문화	기업철학, 경영이념, 사훈, 사훈 회사 요강
제도 문화	전통, 관습, 관행, 의례, 의식, 금기(Taboo), 규칙
행동 문화	구성원들에게 공유된 사고·행동 의식, 사풍, 풍토 (워크 웨이, 리더십 스타일, 접객 매너, 말투, 분위기)
시청각 문화	마크, 심볼, 컬러, 社旗, 社歌, 社章(회사나 결사의 記章), 유니폼, 로고 타입, 심볼이 되는 건물

자료 : 梅沢正, 組織文化 経営文化 企業文化, 同文館, 2003년, p.26.

2) 기업문화 형성의 중요성

(1) 기업문화의 역할

기업문화는 경영정책에 대한 구성원의 참여와 공감을 자아내게 한다. 기업이 경영환경의 변화에 신속하게 대응하여 책정된 이런 정책을 조속히 실현하기 위해서는 구성원의 적극적인 참여와 함께 조직활동에 대한 순응이 필수적이다. 경영 정책은 기업문화의 배경에 있는 기업의 존재가치와 장기적인 비전에 따라 결정된다. 기업문화는 자사의 문화에 익숙해진 구성원이 경영정책에 쉽게 몰두할 수 있게 하는 것이다.

기업문화는 보편적인 지시나 지침, 컨트롤 등을 경감하게 하거나 생략하게 한다. 기업문화는 구성원들끼리 가치, 규칙, 신념을 공유하고 있기 때문에, 상사나 타자로부터의 명령이나 지시가 없어도 기업조직의 구성원은 자사의 목표와 일치하는 행동을 하게 된다.

기업문화는 옳고 그름을 떠나 외부에 자사의 신뢰와 신용과 관련되어 있는 이미지를 발산한다. 또한 기업의 일원, 특히 경영자가 발산하고 있는 언동은 자사의 이미지(자사의 문화 형성)에 미치는 영향은 적지 않다. 따라서 경영자는 자신의 언동과 자사의 방침이 사회에 대한 책무를 다하도록 해야 한다.

(2) 기업문화의 중요성

(a) 구성원과의 일체화를 촉진

기업문화는 기업 구성원과 기업 전체의 활동, 행동 패턴을 결정하는 경영이념, 가치관 및 규칙의 종합체이다. 따라서 기업문화는 조직의 상하와의 일체화, 좌우와의 유대감을 촉진하여, 결과적으로 부서별, 직종별, 연령별, 노사별 등 계층 간의 갈등을 제거하는데 공헌한다.

(b) 최적의 경영방법과 경영전략을 인식

기업문화는 자신에게 주어진 상황과 환경에 대응할 수 있는 방법을 모색하도록 한다. 기업문화는 자사가 직면하고 있는 사회, 정치, 경제, 문화, 기술 등의 변화에 어떻게 대응하고 자사로 하여금 어떠한 경영방법과 경영전략이 최적인지를 알게하는 것이다.

(c) CEO가 일관된 경영 스타일의 실행

CEO에 의한 경영철학의 강조는 조직 구성원이 경영자에 대한 신뢰감을 더할 뿐만 아니라, 경영자 자신에게도 언행일치가 요구되어 경영에 대한 성과와 목표의 실현을 위하여 더 한층 열심히 하게 된다.

(d) 명확한 인사제도 및 교육규칙

자사의 기업문화 가치를 높여서 활용하기 위해서는 구성원이 조직과 관행에 익숙해지게 할 필요가 있다. 예를 들면 기업이 혁신을 조직의 가치로 강조하고 싶은 경우에는 혁신이라는 가치가 조직의 모든 분야에 적용되고 반영되어야 한다. 이때 인사부분에서는 가장 혁신적인 구성원이 우선 승진하는 한편, 교육·훈련 부분에서는 혁신능력의 개발에 힘쓰는 것이다. 또한 이러한 기업문화는 당연히 자신의 업무분야에서 혁신을 능숙하게 해내는 구성원이 높은 인사평가를 받아야 한다.

(e) 조직 구성원의 행동기준 설정

여기에서의 행동기준이란 조직이 구성원에게 어떤 행동을 요구하고 있는지 구성원 자신이 다양한 상황이나 환경 속에서 어떠한 조치를 취할 것인지를 명확하게 하는 규칙을 말한다. 예를 들면 '올바른 마음 가짐'이라는 가치가 익숙해져 있는 사람에게는 부정한 방법에 의한 단기적인 성과나 향상을 꾀하기 보다는 항상 자신의 행동에 대해 올바른 길을 선택하게 된다.

행동설정의 기준은 올바른 고객관리, 올바른 판매방법, 올바른 제품관리 등의 베이스가 된다. 구성원은 단기간의 이익보다는 장기적인 수익성을 추구하며, 평소의 행동은 조직과 항상 가치를 공유하며 일치된 사고방식에 따라 행동하게 된다.

(f) 기업의 홍보 효과

좋은 기업문화의 이미지를 발산하는 기업은 사회적 관계에서도 자신감이 있기 때문에 성과있는 홍보가 가능하다. 실제로 자사의 제품이 타사 제품과 비교하여 가격과 품질면에서 별로 차이가 없는 경우, 소비자가 제품을 선택하는 기준은 해당 기업에 대한 이미지에 좌우된다.

2. 기업문화의 유형

1) 기업문화의 변화를 초래하는 요인

(1) 네거티브 피드백

기업은 비즈니스 활동시에 발생하는 부적함이나 크레임에 대해서 적극 대응할 필요가 있다. 이에 따라 기업은 적절한 네거티브 피드 백(Negative Feed-Back)으로 자사의 문화를 변화시킬 수 있다. 즉 네거티브 피드 백은 부적절한 것을 발생하게 한 요인을 제거하면서 문제점을 개선하여, 경영 비전으로 이어지는 통찰력, 기업 이미지 쇄신 및 광고 · PR 전략 등을 향상시키는 것이다.

(2) 기업내부의 변화 발생

기업문화는 경영자의 교체, 경영방침에 대한 근본적인 변화, 사업형태의 변경, 회사명 및 로고 변경, 금기, 제2창업, 구성원의 의식개혁과 사내활동 활성화 등으로 인해 많이 바뀌는 경향이 있다.

(3) 급격한 기업문화의 변화를 가져올 요소

기업문화의 급격한 변화를 초래하는 것은, 인수 · 합병(M&A), 사업다각화 등을 통한 조직구조의 변화, 급격한 국제화 · 글로벌화에 대한 대응, 고객의 요구 및 라이프 스타일의 변화, 가치관의 다양화, 제너

레이션 갭의 확대 등이 주요 요인이다.

(4) 의도적인 조직변경

기업문화는 안이한 자사 만족에서 탈피하여 위기감을 보전하기 위하여 기업은 종래와 전혀 다른 시장이나 분야에 진출하며 혁신을 시도한다. 이때 다른 분야의 우수한 인재를 외부를 부터 도입할 경우에 급격하게 변화한다.

2) 국제화에 따른 기업문화의 발전 유형

기업의 국제화는 해외기업과의 무역으로 부터 시작된다. 기업은 해외기업과의 무역이 점점 증가되면 해외 현지에서의 비즈니스 활동을 시도하게 된다. 그리고 현지에서 비즈니스 활동을 하면서 세계시장으로

도표 Ⅳ-4 기업문화의 진화

제 5 단계
세계적 첨병술에 의한 경영

제 4 단계
지역을 상호연결한 세계적 시야에서경영

제 3 단계
지역관련을 의식한 현지 경영

제 2 단계
수입대체 현지 생산

제 1 단계
수출의 연장선

기업 국제화의 발전단계

거래영역을 확대하게 된다([도표 Ⅳ-4] 참조). 결과적으로 기업문화의 국제화는 다른 기업문화와 접할 기회가 늘어나 자사문화의 진화를 촉구한다. 또한 거래영역의 확대에 따라 자사의 문화가 국내 지향 문화에서 다국적기업 문화, 혹은 세계적기업 문화로 발전해 간다.

3) 기업문화의 유형

기업문화는 각 기업의 경영방침, 경영전략, 구성원의 행동결과 등에 의해 형성되어 어떤 특징으로 나타나므로 다양한 유형으로 분류할 수 있다.

(1) 달성(Achievement)문화

달성문화에서는 기업 조직 구성원 스스로가 목표를 설정하고 그 목표를 달성되면 지금까지의 행동이 목표에 대한 결과로 나타나므로 가치로 평가된다. 이러한 문화를 가진 기업에서는 구성원이 목표에 도전하고 가치를 인정하면서 이상에 치우치지 않고 현실적인 목표를 설정하고, 또 설정된 목표를 달성하기 위한 계획수립과 더불어 결과를 맺도록 최선을 다할 수 있는 기업풍토를 기대할 수 있다.

(2) 인간중심(Humanistic-Encouraging) 문화

인간중심 문화에서는 인권을 존중하며 조직활동에 적극적인 참여를 목표로 하면서 인간중심의 분위기로 기업이 운영되는 것이다. 구성원들은 서로의 성장과 발전을 위하여 독려하며 고무되고, 건전하고 개방적인 방식으로 상호간에게 좋은 영향을 끼치는 기업문화라고 볼 수 있다.

(3) **자기실현**(Self-Actualizing)**문화**

자기실현문화는 창의성, 질적 수준 향상 및 과제달성, 개인적인 성장 등에 귀중한 가치를 두는 문화이다. 구성원은 업무에 대해서 흥미진진한 자세로 임하며 자기계발이나 새로운 비즈니스 활동에 대해서 적극 참여하며 고무된다.

(4) **친화적**(Affiliative) **문화**

친화적 문화에서는 친밀하고 성실한 대인관계를 가장 중시하는 문화이다. 구성원의 활동 분위기는 업무조직 전체가 만족할 수 있도록 우호 개방적이므로 서로에게 세심한 배려를 게을리하지 않는 문화이다.

4) 성장유형별 기업문화

기업문화는 [도표 Ⅳ-5]와 같이 기업의 성장단계별로 유형분류가 가능하다. 이로서 기업문화는 가족과 같이 화기애애한 분위기인 패밀리(Family) 문화, 인적 자원을 최대한 살리는 데 중점을 두는 에펠 탑(Effel Tower) 문화, 전문가 중심으로 조직된 미사일(Guided Missile) 문화, 공동 창조자들이 아이디어나 노하우 등을 합하여 창의적인 업무가 우선되는 인큐베이터(Incubator) 문화 등으로 나눌 수 있다.

도표 Ⅳ-5 네 가지 기업문화

	페밀리 문화	에펠탑 문화	미사일 문화	인큐베이터 문화
구성원 사이의 관계	조직의 톱을 중심으로 구성원 전체가 유기적 관계	구성원에게 요구하는 상호 작용이 업무적인 시스템으로서 특정 역할을 다함	공동의 목적을 위하여 시스템 안에서 구성원이 특정 과업	공동으로 개발 지향하며, 자발적인 관계
권한에 대한 태도	권한 직위에 대해서 친근감이 있고 권한은 부모와 같은 상사에 속함	권한 직위에 친근감이 없고, 권한은 권력이 있는 상사의 역할에 좌우됨	권한 직위는 목표달성에 공헌하며, 프로젝트 그룹의 구성원에게 주어짐.	권한 직위는 창의적 성장 잠재력이 있는 개인에게 귀속됨
사회 학습 방법	직감적이고 전체적, 수평 적이며 착오 수정적인 경향	논리 분석, 수직적이며 효율적인 경향	문제 중심적이며, 전문 실제적으로 교차적인 가르침	과정 지향적, 창의 직관적 성향
대인에 대한 태도	가속 구성원	인적 자원	전문가	공동 창조자
혁신 방법	아버지가 궤도 수정	규칙과 절차를 변경	대상이 바뀔 때 목표 전환	즉각적인 조정과 조화
모티베이션과 보상 방법	인간성 존중으로 내적 만족	업무 결과에 따른 승진, 업무 매뉴얼에 의한 관리	실적이나 문제 해결에 의한 보상, 목표에 따른 관리	적극적인 진행 과정에 참여, 의지에 따른 관리

자료 : F. Trompenaars, riding the wave of Culture(Nicholas Brealy), 1993, p.160.

5) 좋은 기업문화란

(1) 좋은 기업문화의 형성

좋은 기업문화의 형성은 인간존중의 경영풍토가 선행되어야 한다. 좋은 기업문화는 인간존중을 통해 제품이나 서비스의 질을 높이는 혁신추구의 경영이 불가결하며, 결과적으로 고객의 만족시키는 비즈니스로 이어진다. 구성원의 만족을 위한 인간존중이 이루어지면 구성원은 행동이 적극성을 보이며, 창의 혁신적인 자세로 업무에 임하게 된다. 이러한 분위기 창출을 위해서는 구성원의 폭 넓은 참여가 권유되어 구성원과 경영정보를 공유하는, 이른바 투명경영이 바람직하다.

나아가 기업의 구성원은 자사문화 형성의 차원에서 집단학습을 통해 가치공유의 확산을 목표로 하게 된다. 이들로 인해 구성원의 자립성, 적극적인 자세에 연결되어, 혁신, 진보적인 기업문화 형성에 도움이 된다. 또한 기업은 CSR(기업의 사회적 책임)과 자사의 핵심가치를 명확히 하고 이를 중심으로 근본적인 혁신을 추구한다. 이러한 핵심가치를 모든 구성원이 공유하고 존중하고 따르는 것이 바람직한 기업문화 형성일 것이다.

(2) 기업성장에 중요한 자사문화

기업문화는 조직 구성원이 공유하는 가치관에 힘 입어 장기적인 기업성장에 필수적이다. 기업문화에 자사문화를 이루고 있는 핵심적인 가치가 있으면 최고 경영자에서 평사원에 이르기까지의 모든 구성원이 공통적으로 그 가치를 존중하게 된다. 이러한 핵심가치에 의해 형성된 기업문화는 더 나아가 자사와 고객, 구성원의 신뢰가 깊어지게 된다. 이렇게 되면 구성원의 행동지침이 긍정적인 방향으로 진행되므로, 좋은 기업문화는 기업의 경쟁력 강화로 연결된다.

오늘날의 기업환경에서는 디지털화, 글로벌화, 네트워크화가 촉진되고 있다. 이 흐름에 부합하기 위하여 기업은 자율적이고 적극적이며, 창의 도전적인 분위기가 넘치는 혁신 진보적 문화로의 전환이 바람직하다. 이러한 전환이야말로 근본적인 혁신이 가능하므로 좋은 기업문화를 조속히 전환 정착시켜야 이유가 여기에 있다고 볼 수 있다.

(3) 이문화 기업 학습의 필요성

교통수단과 통신기술의 발전은 이문화권과의 접촉기회를 증가시키고 있다. 한편 기업은 거래처가 국내시장만으로는 수익 창출기회가 한정되어 있기 때문에 해외시장 개척에도 힘을 기울이게 된다. 이때 중요한 것은 자국에서 비즈니스에 성공했다고 해서 해외시장에서도 성공하는 것은 아니다.

외국의 기업문화와 접하는 방법은 글로벌 마케팅 전략의 일환이다. 외국과의 비즈니스 성공은 해외 현지의 문화와 접하는 방법이 중요하다. 글로벌 마케팅 전략에서는 이러한 접촉방법이 해외와의 비즈니스 성공 여부의 하나의 요인이고 보고 있다. 다른 가치관과 도덕관, 아이덴티티 등을 이해하는 것은 새로운 니즈를 파악하는 중요한 단서가 된다. 해외 비즈니스 파트너의 문화는 자국문화와 다르기 때문에 국제경영 전략상 '외국의 기업문화'와 접하는 방법을 배워야 할 필요가 있는 것이다.

오늘날의 세계경제는 과거처럼 질 좋은 제품만 있으면 팔리는 시대가 아니다. 제품이 남아돌아가는 상황 가운데 안이한 해외시장 전략은 실패를 초래하기 쉽다. 해외시장에서의 성공에는 전문지식과 기술 노하우 등도 중요함에는 틀림없지만, 이문화권에 대한 대응능력도 빼놓을 수 없다. 해외 비즈니스의 실패요인에는 현지시장의 가치와 행동패턴의 이해와 적응능력의 부족으로 인한 것이 많다. 예를 들면 이슬람 문화권의 이해 불충분으로 인하여, 안이하게 술을 지참하게 되어 본계약 성립이 실패로 끝난 것을 들 수 있다.

3. 이(異)문화 경영

기업의 글로벌화가 진행되면 다른 기업문화와의 상호 이해가 필요하다. 이를 위해서는 다른 기업문화권과의 원활한 커뮤니케이션과 더불어 몇 가지 문화 경영 능력이 필수적이다. 맨 먼저 다른 기업문화의 비즈니스 관습에 대한 가치관 학습이 필요하다. 그리고 커뮤니케이션 능력 향상과 기업의 의사결정방법, 회의운영방법, 직원관리, 모티베이션 방법 등에 대한 학습을 통해 다른 기업문화에 대한 적응능력의 향상이 중요하다.

1) 문화경영의 의의

문화경영은 동일한 국적이나 문화와 언어를 넘어 다양한 국적이나 문화와 다국어가 있는 환경에서 비즈니스를 전개하는 것이다. 여기에 이문화 경영론에서는 경영활동에 있어서 경제외적 환경요인이 기업발전에 빼놓을 수 없다는 점에 주목하고 있다.

(1) 문화의 다양성을 살린 경영전략

문화의 다양성(Cultural Diversity)은 사회생활의 패턴을 이루고 있는 도덕과 종교 등에 의한 관념과 신념의 차이로 인한 주변과의 상호 관련성을 초래하는 사람들과의 문화적 차이이다. 모든 사회는 공유하는 도덕과 가치관, 주변환경과의 상호 관련성에 확실한 차이를 내재하고 있다.

따라서 해외기업과 경영전략을 세우려면 이문화적 요소에 대한 이해가 필수적이다. 특히 이문화 경영의 추진주체가 되는 다국적기업은 해외에 진출할 때 현지국가의 자회사에 본국의 기업문화를 강요하면 충돌이 생긴다. 다국적기업의 경영은 본사의 기업문화와 해외 현지 자회사의 기업문화, 또는 제3의 기업문화에 의한 다양한 문화를 고려한 경영이 필수적이다.

이러한 해외전략의 일환으로서 다국적기업은 문화의 다양성에서 파생되는 시각에 따른 새로운 해석, 신선한 아이디어 등을 이용할 수 있다. 한편 이 다양성의 단점이라고도 할 수 있는 모호성, 복잡성, 의사결정의 지연 등을 극복하는 것이 중요하다. 따라서 다국적기업은 다양성으로 인한 미스커뮤니케이션을 초래하지 않게 하는 궁리가 필요하다. 또한 다국적기업의 전략은 현지국가의 사정을 감안하여 문화적 다양성의 장점과 단점을 고려한 정책이 바람직하다. 이러한 다문화에 대한 기업경영적 대응방법을 강구하는 것이 이문화 경영(또는 다문화 경영)이라고 할 수 있다.

이문화 경영(또는 다문화 경영)전략은 국가 간의 문화차이를 존중하면서 이문화권과 공유하는 부분을 활용하는 것을 중시한다. 즉, 이것은 다문화의 장점을 활용함에 따라 최고의 비즈니스 성과로 이어가는 행동가치의 공유인 것이다.

(2) 국경없는 시대를 맞아서

다국적기업은 자국문화의 틀에 맞추어진 폐쇄적인 가치관을 넘어 비즈니스의 국제화에 따라 문화의 다양성을 수렴하고 있다. 또 폭넓은 정보를 신속하게 전달하는 오늘날의 사회가 기업의 글로벌화에 박차를 가하고 있다. 기업에 있어서는 비즈니스 활동범위가 넓어지면 시간이 단축되어서, 비즈니스 방침에 대한 신속한 의사결정이 요구되고 있다. 또한 본국 우선의 인사제도에 구애받지 않고 국내외를 막론하고 적절한 인재채용, 적소의 인재활용이 중요한 이문화 경영전략이다.

이문화 경영(또는 다문화 경영)에는 이문화를 활용하면서, 이문화의 이질성을 극복하는 해외전략이 요구되고 있다. 이문화 경영(또는 다문화 경영)에서는 비즈니스의 공통성을 서로 인정하고, 한층 더 우수한 기업문화 창조를 모색해야 할 것이다.

2) 비교 문화적 분석 모델

여기에서는 성공적인 이문화 경영(또는 다문화 경영) 측면에서, 비즈니스 상대국 문화의 이해를 촉구하기 위하여 비교 문화적 모델을 다루기로 한다.

(1) 클럭혼과 스트로트벡 비교문화 모델

클럭혼(F. R. Kluckhohn)과 스트로트벡(F. L. Strodtbeck)은 비교기준을 마련하여 자문화와 이문화와의 명확한 차이를 돌출하였다.[2] 그 일환으로서 각 문화의 가치를 구분하기 위하여 다섯 가지 질문사항을 설정하였다([도표 Ⅳ-6] 참조).[3] 이 도표에 있는 내용에 대해서 부연 설명을 하면, ①에 있는 인간의 본성은 기본적으로 성선설, 성악설 또는 혼합된 것을 중심으로 하는 인간관인가? ②는 인간과 자연과는 어떤 관계를 가지고 있는지?(자연에 대한 극복, 조화, 굴복) ③은 인간의 시

---

2) Kluckhohn FR & FL Strodtbeck, *Variations in Value Orientations*, Greenwood Press, 1961.

3) 클럭혼이 1973년에 발표한 모델에는 공간태도 항목을 한 가지 더 첨가하여 여섯 가지 기준으로 하였다. 여기의 공간태도에는 "공간을 사적인 것, 공적인 것, 혼합한 것"의 요소를 추가하고 있지만, 여기에서는 생략하였다.

간관념의 태도에 대해 과거기준, 현재기준, 아니면 미래기준인지? ④는 사람의 활동특성에서 현재 생존해 있음을 중시하거나 목표나 미래 지향적인 것을 중시하거나 과거에 대한 자성 중시인가? ⑤는 인간관계에 대해서 개인이나 가족 중심인지, 그룹 중심 또는 계층권위 중심인가?"이다.

도표 Ⅳ-6 클럭혼 · 스트로트벡 모델

비교 기준	행위와 사고의 유형		
① 인간의 본성	일반적으로 악	선악이 혼합	일반적으로 선
② 자연과의 관계	자연 굴복	자연과 조화	자연을 정복
③ 시간관념	과거 기준 (전통적)	현재 기준 (순간적)	미래 기준 (목표 지향)
④ 활동특성	정적	내면적 성장	동적
⑤ 인간관계	계층, 권위 중심 (상하 관계)	그룹 중심 (공존 관계)	個人主義 개인주의 (동등 관계)

자료 : Kluckhohn F.R. & F. L. Strodtbeck, Variations in Value Orientations, Greenwood Press, 1961, p.12.

클럭혼 부부는 이 다섯 가지 비교기준에 따른 질문항목을 설정하여 답변한 특징에 따라 문화 내에 속한 구성원이 지니고 있는 가치관을 분석하였다. 그 결과로서 다른 문화권과의 비교를 토대로 국가 간의 문화적 차이를 돌출하였다.

(2) 홉스테드 모델

홉스테드(Hofstede, G.)는 각국의 문화적 차이를 나타내는 데 '5가지 차원(dimension)'을 기준으로 하여 검토하였다. 첫째, 1980년에 시행한 "Culture's Consequences"에서는 각 국가가 지니고 있는 가치에 대한 조사자료를 바탕으로 4가지 차원으로 구분하였다.[4] 그 후 1991년에 "Cultures and Organizations: Software of the Mind"에서 다섯 번째 차원을 첨가하였다[5]. 홉스테드는 각 국가 간의 관념상 상이에 대한 틀을 만들어 설명하였다. 홉스테드는 국가별 문화의 특징을 찾기 위해 세계 66개국에 있는 10만 명 정도의 IBM사의 직원을 대상으로 한 설문조사에 따라 분류하여 국가별 공통적인 문화요소에 주목하였다. 그 결과, 각국 문화의 특징을 다섯 가지 차원으로 구분 이용하여 논했다.

그것은 "① 개인주의 대 집단주의(Individualism Versus Collectivism)의 성향에서 나타나는 정체성 차원, ② 문화수용의 적극성을 의미하는 권력격차 차원(Large or Small Power Distance), ③ 불확실성에 대한 강약 정도에 따른 불확실성 회피 차원, ④ 남성다움과 여성다움(Masculinity Versus Feminity)의 젠더 차원, ⑤ 장기 및 단기 지향성(Long-Term Orientation & Short-Time Orientation)의 효능(Virtue) 차원"으로 된 다섯 가지 유형을 토대로 그 나라의 문화특징을 설명하였다.

덧붙이면 ①의 개인주의란, 인간이 자신과 직계가족에만 관심을 가지고 사회문화를 의미한다. 한편 '집단주의'는 친척 · 파벌 · 조직 등의 집단을 중시하는 사회문화이다. ②의 권력 격차란, 권력의 분산이 적절하지 않다고 하는 상황을 수렴하는 것을 말한다. ③의 불확실성 회피란 불확실성을 피하려는 의지가 약한 사회에서는 미래에 대한 위

---

4) Hofstede, G., The Cultural Relativity of Organizational Practices and Theories, *Journal of International Business Studies* 1983 Fall, pp. 75~89.

5) Hofstede, G., *Cultures and organizations: software of the mind*, McGraw-Hill Book, 1991.(岩井紀子 · 岩井八郎 번역, 차이를 배워 공존의 길을 찾는다, 有斐閣, 1995년).

협을 느끼지 않고 다른 사람의 의견이 자신과 다르다해도 별로 신경을 쓰지 않는 사회문화를 말한다. ④의 남자의 정도 및 여자의 정도란 그 사회에서 지배적인 가치가 어느 정도인가를 말하며, 남성다움과 여성다움을 나타내는 것이 기준으로 되어 있다. ⑤의 장기란 저축과 같은 미래지향적인 부분에 가치를 두는 것을 말하며, 단기란 과거와 현재에 대한 평가에 중점을 둔다는 것을 의미한다.

3) 문화 경영 시너지

도표 Ⅳ-7 이문화 시너지의 장점과 단점

장 점	단 점
복수 문화에서 생성된 조직이 초래 오는 이익	복수 문화가 초래하는 조직의 비용(낭비)
의미의 확대(다양한 관점, 새로운 아이디어에 대해서 개방적, 다양한 해석)	다양성은 모호 복잡, 혼란을 동반
특정 국가의 문화와 업무를 시행할 경우의 이익	특정 국가의 문화와 업무를 시행할 경우의 비용(낭비)
외국 사원을 잘 이해한다. 특정 국가의 고객에게 더 효과적인 일을 하는 능력. 특정 국가의 고객에 의해 더 효과적으로 판매하는 능력. 외국의 정치·경제·사회·법률 및 문화적 환경에 대한 이해가 증가.	조직에 있어서 정책, 전략, 관행, 절차 등이 본국 중심

출처 : N. J Adler, *International Dimensions of Organizational Behavior* , 1991, p. 97 및 根本孝,『国際経営과 企業文化』, 学文社, 1994年, 39쪽.

이문화 경영(또는 다문화 경영)에는 국가의 영역을 넘어 자민족 중심주의를 극복하기 위하여, 본국과 현지국가와의 문화적 차이에 대해서 유연한 대응이 필요하다. 이문화 경영(또는 다문화 경영)은 다른 기업문화를 융합한 형태로 업무를 진행하여 상호 기업발전을 위한 이문화 시너지(Synergy) 창출로 연결된다. 따라서 원활한 이문화 경영(또는 다문화 경영)은 문화 시너지의 장점과 단점을 잘 파악한 다음부터 시작해야 할 것이다.

이문화 경영(또는 다문화 경영)에는 [도표 Ⅳ-7]과 같은 이문화 시너지의 장점과 단점을 감안하여 다음의 세 가지를 중심으로 문화 시너지를 활용할 필요가 있다. 첫 번째, 각 구원성원은 독자적인 문화배경(예를 들면, 역사와 가치관의 차이)을 가지고 있기 때문에 상호가 많은

도표 Ⅳ-8 이문화 시너지 이해

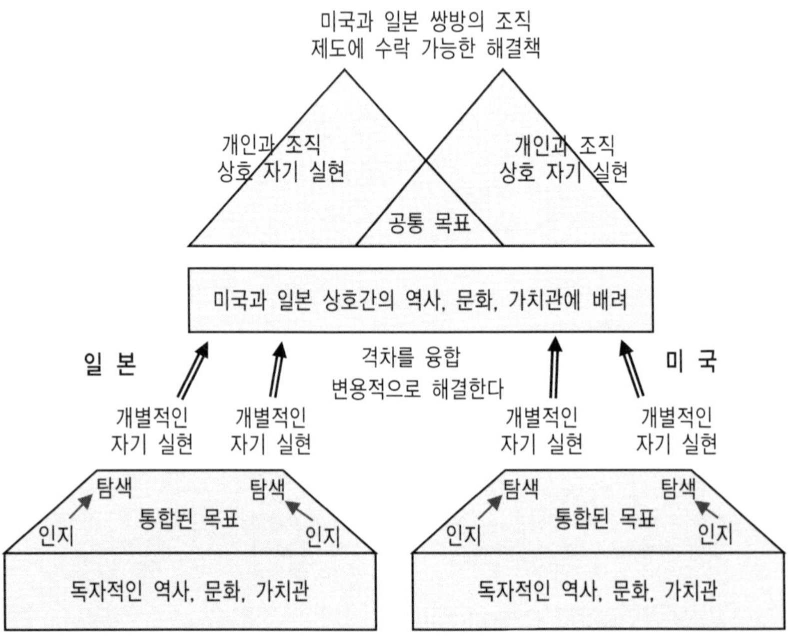

자료 : T. H. Cox/S. Blake, managing cultural Diversity, *Academy of Management Executive* 1991, August.

차이점를 내포하고 있다. 따라서 차이나 독특함을 이노베이션 소재로 활용해야 한다. 두 번째, 상호 문화에 있어서 유사성에서는 효율성을, 차이점에서는 새로운 관점이나 발상을 구하는 것이다. 세 번째, 이문화권에서도 자국 문화와 동일한 가치를 부여하여 공정성에서 발생하는 효과를 활용하는 것이다. 예를 들면 현지 사원을 채용할 때 자국인과 현지인과의 차별과 본사·본국 중심의 인사를 배제하는 것이다. 이로 인해 유능한 구성원을 모집할 수 있는 효과로 이어지게 될 것이다.

오늘날의 이문화 경영(또는 다문화 경영) 기업에게는 단일문화에서는 창출이 불가능한 다양한 이노베이션을 창조해 내는 이문화 시너지형 기업이어야 한다.[6] 이문화 경영(또는 다문화 경영) 기업으로서 이문화와의 효과를 추구하려면 이문화 시너지와 그 목적수행에 필요한 이문화 커뮤니케이션이 필수적이다. 이문화 커뮤니케이션에 따른 시너지는 서로 다른 문화적 배경을 지니고 있는 개인이나 그룹과의 만남에서부터 시작된다([도표 Ⅳ-8] 참조). 이들에 대한 문화적 배경을 상술한 도표에서는 일본과 미국의 문화를 말하며, 거기에는 양국의 문화차이가 초래하는 독자적인 사업전개 방법이나 아이디어가 존재한다. 이러한 독자성이 통합된 목표관리 하에 개인과 조직의 자기표현을 지향하게 된다. 이러한 과정에서 개인과 조직의 공동목표 달성과 함께 쌍방의 자기 실현이 가능하여 시너지를 얻을 수 있다.

6) 城座良之・清水敏行・片山立志 공저, 글로벌 마케팅, 税理経理協会, 2003年, pp. 131~133.

Review & Discussion Questions

제3장과 제4장에서 다룬 내용을 중심으로, 기업문화와 이문화 경영(또는 다문화 경영) 측면에서 다음 사항을 확인하여 보시오.

- 문화는 불변하는 것이 아니라 끊임없이 바뀌는 것으로, 경제발전과 글로벌화는 문화의 변화에 큰 영향을 미치는 핵심적인 요소이다.
- 처음으로 해외에 진출하는 기업이 직면하고 있는 것은 보이지 않는 위험이다. 국가를 사이에 두고 쌍방이 상이한 문화에 대한 이해를 높이기 위해서는 글로벌 시각에서 관리할 수 있는 인력양성, 자민족 중심주의 행동에 대한 문제점에 대하여 대책방안을 마련하는 것이 필수적이다.
- 홉스테드(Hofstede G.)는 업무대응 자세와 관련자들의 가치관은 자국의 문화와 관련성이 있다고 보았다. 홉스테드는 이것을 "권력의 격차(Power Distance), 불확실성 회피, 개인주의 대 집단주의, 남성다움 대 여성다움"이라는 4가지 차원으로 구분하여 정의했다.
- 기업문화의 의미, 기능형성을 간결하게 설명해 보시오.
- 어떤 사회의 문화본질을 고찰하여, 실제 비즈니스 현장에 있을 수 있는 의미는 무엇인가?
- 다음 어구에 대해서 간략하게 설명해 보시오.
  (1) 문화의 기업화 :
  (2) 기업의 문화화 :
  (3) 다른 기업문화의 시너지 :

- 다음의 기업문화에 대한 구성요소에 대해 간략하게 설명하시오.
  1. 가치의 공유 :
  2. 전략 :
  3. 스킬 :
  4. 구조 :
  5. 시스템 :
  6. 구성원 :
  7. 스타일 :

- 기업문화는 자사의 운영이나 관리에 빼 놓을 수 없는 요소이다. 이러한 기업문화의 중요성 관점에서 다음 항목을 설명하시오.
  1. 구성원과의 일체화 :
  2. 최적의 경영방법과 경영전략을 인식 :
  3. CEO와 일관된 경영스타일 실행 :
  4. 명확한 인사제도 및 교육규칙 :
  5. 조직 구성원의 행동기준 설정 :
  6. 기업의 홍보효과 :

- 다음은 기업문화의 변화를 가져 오는 요인들이다. 각 항목에 대해서 설명해 보시오.
  1. 네거티브 피드백 :
  2. 기업 내부의 변화 :
  3. 급격한 기업문화의 변화를 초래하는 요소 :
  4. 의도적인 조직변경 :

- 기업문화는 각 기업의 경영방침, 경영전략 등에 의해 형성되어 특징으로 나타나기 때문에, 다양한 유형으로 분류할 수 있다. 다음

의 기업문화 유형의 특징에 대해서 서술해 보시오.

1. 달성 문화 :
2. 인간중심 문화 :
3. 자기실현 문화 :
4. 친화적 문화 :

- 좋은 기업문화의 형성요소에 대해 설명해 보시오.
- 기업문화가 왜 자사의 성장에 빼 놓을 수 없는 이유로 생각되는 것은 무엇인지를 설명해 보시오.
- 다른 기업문화 학습의 필요성에 대해서 각자 자신의 의견을 피력해 보시오.
- 이문화 경영(또는 다문화 경영)의 목적과 의의에 대해 간략하게 설명하시오.
- 홉스테드 모델에서 "5가지 유형"이 무엇인지를 기술한 한 후에, 각 유형에 대해서 설명해 보시오.
- 이문화 기업과의 만남이 초래하는 영향(시너지과 역효과)에 대해서 논해 보시오.
  1. 장점 :
  2. 단점 :
- 조직편성(직능부문별 편성 포함)이 진행되면 기업문화에는 어떤 영향을 받게 되는지를 설명하시오.
- 자신이 관심있는 기업은 어떤 기업문화를 가지고 있는지에 대해서 서술해 보시오.

제5장 외국 기업문화와의 만남

제 5 장
외국 기업문화와의 만남

해외와의 비즈니스 성공을 위해서는 해외 현지문화에 대한 이해가 필수적이다. 그것은 다른 기업문화의 배경, 예를 들면 외국의 가치관, 비즈니스 습관, 도덕성, 아이덴티티 등을 이해하는 것이다. 따라서 외국 현지시장의 니즈를 파악하는 글로벌 시장 전략으로서 '다른 기업문화'와 접하는 방법을 배우는 것이 중요하다. 여기에서는 일본, 한국, 중국, 인도, 중동, 유럽, 브라질 등 외국 기업문화의 보편적인 특징을 다룬다.

1. 일본의 기업문화

1) 일본의 사회와 문화

(1) 일본의 사회

(a) 일본의 사회

문화라는 것은 평소 우리의 일상생활 양식 그 자체이다. 그럼에도 불구하고 우리는 '후지산, 게이샤, 사찰, 스시, 스모, 기모노'와 같은 일본의 상징물과 '가부키, 노오, 샤미센, 다도, 다다미, 장지' 등의 생활 전통물이 일본 문화처럼 생각하는 경향이 있다.[1)]

그러나 일본 문화라는 것은 지식과 습관을 공유하며 일본의 생활양식 속에서 자연스럽게 익숙해져 있는 것을 말한다. 예를 들면 인간이 밖에서 집으로 들어갈 때에는 현관에서 신발을 벗고 집 안으로 들어가거나 스시를 먹을 때에는 '포크'를 사용하지 않고 '젓가락이나 손'으로 먹는다.

그런데 이러한 일본의 문화와 이문화가 접할 때에 비로소 일본 문화의 특징에 대해서 잘 알게 된다. 따라서 자신이 일본 국적을 소지하고 있기 때문에 일본인이라기 보다는 다른 문화권에서 온 사람들과 교류해 보면 상호간의 차이가 분명해져 자신이 일본인임을 새삼스럽게 깨닫게 된다.

(b) 다른 문화에 대한 오해 극복

상호간의 차이를 우열로 평가하는 사고는 편견을 낳고, 상호 공존을 위한 장해가 된다. 그러나 종래의 일본은 메이지 시대(1868~1992년) 이후 서양문화를 동경하여 아시아로부터 벗어나 유럽지향을 꿈꾸어 오면서, 다른 국가나 지역(특히 아시아) 문화를 경멸하는 경향이 있었다. 오늘날의 글로벌화 시대에 있어서 우리는 자신의 문화를 새롭게 인식하면서 역사적 흐름과 더불어 중첩되어 온 많은 편견과 오해를 극복해 나가는 노력이야 말로 이문화와의 새로운 관계를 만들어 낼 수 있다고 할 수 있다.

---

1) 岸本重陳, 국제 경제, 一橋출판, 1995년, p.22.

(2) 일본의 문화

(a) 농경사회 민족으로서의 결속력

일본의 전통사회에서는 농업을 중심으로 하는 농경사회였다. 일손이 필요했던 농번기를 중심으로 개인 및 가족 단위를 넘어서 마을 단위로 공동작업이 종종 필요하였다. 또한 지형적으로 산이 많아서 이동이 제한되어 특정 지역을 중심으로 사람들이 모여 살기 때문에 집단의 형성으로 인한 힘을 발휘하게 되었다. 따라서 개성과 독립성, 평등성을 인정하지 않고, 복종과 협력에 많은 가치를 부여하여 끈기와 단결된 조직사회를 형성하게 되었다.

(b) 가족 중심 문화

종래의 일본사회에는 가족 구성원 중에서 연장자, 특히 손위 남성에게는 복종하는 것을 미덕으로 생각하여 서열과 지위에 따르는 것이 중시되었다. 또한 가족 구성원을 위하여 자신을 희생하는 등 가족을 중시하는 경향이 있었지만 오늘날의 일본 사회에는 그런 경향이 거의 없어지고 있다.

(c) 근면 · 성실 · 심혈의 문화

어떠한 경우에도 욕심을 부리지 않고, 조금씩이라도 꾸준히 성실하게 그리고 열심히 하는 것이 가장 이상적인 삶의 방식이라고 생각하는 경향이 있다. 일본에서는 TV 스포프 중계를 보면 승리한 팀의 히어로가 된 그들은 인터뷰에서 “매우 성실하게 했다. 열심히 했다. 앞으로도 힘써서 노력하겠습니다”라는 말을 입버릇처럼 대답하는 사람이 많다.

(d) 가치관과 행동규칙의 공유

일본은 섬나라로서 외침의 경험이 없었기 때문에 다른 외국에 비해서 동일한 언어, 동일한 가치관과 행동규칙이 형성되고 비언어적인 커뮤니케이션 방법이 많다.

(e) 와비사비 문화

와비사비 문화란, 일본 독특한 아름다움에 대한 의식의 하나로 검소, 정숙, 절약 등을 존중하는 센스있는 덕목을 말한다.

2) 일본의 기업문화

(1) 일본형 기업 경영문화

(a) 기업문화의 형성요소

일반적으로 전통적인 일본형 노무관리 방식은 종신 고용제, 연공서열제에 근거한 구조로 되어 있다. 이런 두 가지 제도는 과거 일본의 고도 성장기에 형성된 것이다. 즉 고도성장을 위한 판매자 중심으로 된 시장형성 과정에서 우수한 인재들이 경쟁사로 유출되는 것을 방지하기 위하여 자사의 직원이 정년 때까지 책임을 진다는 의미에서 이른바 헤드헌팅 방지책으로서 형성된 제도이다. 따라서 이것이 바로 일본형 노무관리 방식이라고는 할 수 없다. 그러나 이러한 두 제도는 다른 나라와 비교하면 여전히 일본의 독특한 노무관리 방식이라고 할 수 있는 부분이 많이 남아 있다.[2)]

---

2) 예를 들면, 캐논의 인사제도는 일본형 노무관리 제도의 장점을 살리려고 힘쓰고 있다. 특히 오늘의 일본 제조기술은 이러한 제도가 있었기 때문에 세계 최고수준의 기술축적이 가능하게 된 것을 잊지 말아야 한다. 즉 이 제도를 포기

(b) **생활공동체로서의 기업**

일본인은 입사하면 점차 직장 동료와 가장 친한 인간관계를 이루어 결국 회사와 밀접한 사회생활을 영위하게 된다. 기업은 신입사원을 공동체의 새로운 참여자로 간주한다. 그렇기 때문에 노사관계도 대립이나 갈등적인 관계가 아니라 공동체의 일원으로서 협력관계를 유지하고 있다. 따라서 경영자는 경영방침, 인사, 판매 등에 대해서 톱 다운 형식을 지양하고 구성원들과 납득과 동의를 얻고자 하는 경향이 있다. 또 명령과 복종은 조직을 발전시키는 당연한 행위로 받아들이고 있다.

(c) **회의 방법**

사내 회의시에도 분위기는 엄숙하고 상하 위계질서 속에서 진행되며, 상사에게 직접적인 질의나 응답이 자연스럽게 이루어지는 분위기는 아니다. 그러면서도 집단적인 합의와 참여를 중시하기 때문에 회의는 참가자의 참여를 중시하고 있다. 회의의 사회자는 미리 자료를 충분히 준비하고 참가자들은 꼭 메모를 하는 등 진지함을 엿볼 수 있다. 회의의 방향이나 내용이 자신의 의견과 맞지 않더라도 구성원들과의 상충을 피하기 위하여 불편함을 잘 내색하지 않으며 상대방이 자신의 부하가 아닌 이상, 감정표현이나 분노를 잘 나타내지를 않는다.

(d) **집단주의**

기업의 멤버는 일본의 문화가 집단형성 및 지역사회의 귀속감이 뿌

하면 자사에서 열심히 기술인재를 육성해도 다른 회사로 전직해 버려서, 자사에서 육성한 기술자가 경쟁사를 돕는 결과가 되기 때문에, 기술의 축적이 어렵게 될 우려가 있다.

리 깊게 내려져 있어서 기업 내에서도 공동질서를 중시하는 의식이 잠재해 있다. 이들이 종래의 종신 고용제나 연공 서열제를 유지 발전시킨 하나의 요인이 되었다고 할 수 있다. 집단주의에 따른 영향으로 팀워크 형성으로 인한 일이 진행되는 경우가 많으며 충분한 협의를 통해 방침이나 의사를 결정한다. 기업에는 종래와는 많은 변화를 보이고 있지만 복종적이면서 정보교환이 폭넓게 행해지고 개인보다 조직과 회사를 우선하는 집단주의적 경향이 여전히 남아 있다.

(e) 일본형의 경쟁의식

일본은 지금도 그룹 또는 팀의 성공을 추구하는 경향이 많으며 개인의 희생을 감수하는 경향이 많다. 기업 간, 부서 간, 팀 간의 경쟁의식을 고조시켜서 기업의 경쟁력 강화로 이어지게 하고 있다. 개인보다 자신이 속한 그룹별 성공을 우선시 하는 것이 자신의 성공으로 결부된다는 것으로 하여 경쟁의식을 높이는 경향이 있다.

(f) 튀어나온 말뚝은 맞는다

일본의 전통사회에는 농경민족의 부락별 공동생활을 영위하는 습관이 있다. 이로 인한 영향으로 기업 내에서도 인간관계나 작업환경이 조직생활의 질을 높이는 요인이 되고 있다. 또한 이 조직의 질적 향상이 개인의 모티베이션(동기부여)으로 이어진다. 따라서 커뮤니케이션이 필요할 때에는 신뢰관계 구축이 중요하다. 주위와의 원만한 조화 협력을 추구하는 경향이 있으며, 독특한 의견이나 신선한 아이디어 또는 독특한 기질을 가지고 있는 사람은 주위에서 소외되는 경향이 많이 남아 있다. 또한 집단과 같은 사고를 갖고 있지 않으면 주위의 멤버가 본인에게 협력을 해 주지 않을 뿐더러 왕따를 당할 경우가 많다.

일본인 회사는 종전에는 업무가 끝나고 나면 사원들끼리 종종 음주 간담회를 가졌지만, 지금은 별로 하지 않는다. 그러나 아직도 일부에서는 '음주 커뮤니케이션'이라는 말을 가끔 듣게 되는데, 즉 술이나 음식을 같이 하면서 커뮤니케이션의 기회를 중시하는 것을 말한다.[3] 또한 주말 동호회, 사원 여행 등으로 휴일에도 멤버들과 사회적인 상호 교류를 도모하는 경향이 종래보다는 많이 없어졌지만 여전히 남아 있다.

(2) 비즈니스 관례

(a) 기존의 상(商)관례를 중시

일본 기업들의 거래방식은 격식있는 인사로 시작하며, 상대방과 자신과의 거래 가치를 인식한 후 친분관계가 사업 상담 및 거래의 시작과 유지에 빠뜨릴 수 없다. 따라서 거래가 시작되면 이해득실보다 인간관계와 기존의 상관례를 중시하는 경향이 있다.

(b) 관례

일본 사회에서는 상호간의 신뢰관계를 징표로 표출하고자 하는 경향이 있다. 예를 들면 연말이 되면 연하장, 여름이 되면 더위에도 건강한지 안부를 묻는 엽서 교환을 하는 관례가 있다. 이것은 비즈니스 관계에서도 마찬가지이다. 일본의 기업인들은 종종 전화로 회사 관계

---

3) 일본에서 IT업체로서 유명한 라쿠텐(楽天)의 미키타니(三木谷) 사장은 "자사 빌딩에 사원들이 편하게 마실 수 있는 바를 만들었다. 이것이 사원들의 커뮤니케이션의 장소로서 큰 역할을 할 것이며, 사원들에게도 평판이 좋다"고 자화 자찬했다.

자나 거래 관계자에게 문안을 물으면서 정기적으로 관심을 표현하기도 한다. 아무런 소식이나 왕래가 없으면 상대방도 자기쪽의 근황을 정기적으로 알고 싶어하는 경향이 있다.

(c) 행동양식

일본 기업은 장기적인 거래관계를 중시하기 때문에 상대기업의 경영상태를 알고 싶어하는 경향이 있다. 행동에 옮기기 전에 사전 준비작업에 상당한 시간과 정성을 들이며 장기적인 거래나 실적을 염두에 두고 단기적인 결과를 기대하지 않는다. 사소한 것이라도 상사나 구성원들과의 합의를 중시함으로 의사결정이 지연되는 경우가 많다. 상담을 할 경우에도 사소한 결과에 대한 판단에도 그 자리에서 명확한 결론을 내리는 경우가 드물며, 비즈니스 관련 현장 담당자는 불투명하며 불확실한 답변이 많다. 정해져 있는 출근시간이나 고객과의 약속시간은 정각에 맞추어 반드시 지킨다.

사외 사람과 첫 대면의 경우, 정장차림으로 명함을 건네주며 명함을 전달할 때는 양손으로 정중하게 머리를 숙이면서 인사하면서 건네준다. 그리고 상대방의 지위나 성별과 신분 등에 의한 호칭방법이 다양하며, 협의하는 방법도 회사별로 다양한 형식과 절차를 지니고 있다. 장기출장이 아니고 일상적인 업무를 위한 회사 출근시에는 가방이나 가지고 다니며 빈손으로 외출하는 사람은 거의 없다. 특히 업체 방문시에는 미팅을 위한 자료는 꼭 가방에 넣어서 가지고 간다. 또 사내 구성원들끼리도 자랑이나 농담 등을 삼가하며 상호간의 충돌(Conflict)이 발생한 경우에는 제3자를 내세워 중재나 해결을 시도하는 경향이 있다.

이문화 기업 이해에 따른 사례

1) 이문화 이해에 따른 성공 사례

많은 기업들이 해외사업에 고전을 면치 못하고 있는 가운데, 에이스콕사는 베트남에 진출하여 꽤 성공하였다. 2008년도의 추정치 매출 합계가 약 672 억 원 중 173 억 원이 해외 부분이었다. 특히, 이 회사는 즉석 국수 분야에서 베트남 국내 시장점유율 상위를 차지하여, 자사 전체 이익의 30% 정도를 베트남에서 창출하고 있다. 그 성공요인으로 빼놓을 수 없는 것은 베트남 음식문화를 잘 이해했기 때문이다. "베트남에서는 젓가락 사용을 잘하는 문화이기 때문에 면종류를 먹는 데에는 문제 없을 것이다"라는 베트남 문화 이해가 성공의 시작이었다고 할 수 있다.

2) 이문화를 잘 못 이해한 것에 따른 실패 사례

기업이 해외 진출시 또는 해외와 사업을 전개할 때 현지문화에 대한 이해가 충분하지 않기 때문에 다양한 문제가 발생하는 경우는 결코 드물지 않다. 예를 들어, 세계적으로 우수한 다국적기업으로 알려져있는 도요타 자동차 조차도 사자가 중국을 침략 · 지배한다는 이미지가 있다는 것을 알지 못하고 도요타 자동차 중국 현시 회사의 자사 홈페이지에서 사자의 그림을 실었다가 엄청난 비판을 받고 급히 수정한 적이 있다.

2. 한국의 기업문화

1) 한국의 사회와 문화

(1) 뿌리 깊은 유교문화

(a) 유교사상

유교와 농경사회는 한국인의 가치관, 행동양식에 적지 않은 영향을 주었다.

특히 유교사상은 주위와 잘 어울림을 가장 중요한 가치기준으로 하며, 도덕적인 선의를 통하여 자신의 욕망을 억제 절제하며 예절을 통한 인격화를 도모한다. 이로서 연장자나 선배에 대한 배려를 중시한다.

(b) 행동양식

한국의 국민성은 역사에 대한 자부심과 효도 풍류를 소중히 여기지만, 한편으로는 다른 사람에게 책임을 전가하는 경향이 있다. 주위나 대중의 시선을 의식하여 체면, 명예 등을 중시하며 실제보다 눈에 보이는 외관을 우선으로 한다. 일단 일이 맡겨지면 서둘러서 단기간에 결정하려는 경향이 있다.

(2) 가치기준과 내셔널리즘

(a) 가치기준

한국인은 새로운 가치관과 생활관을 도모하면서 정치와 종교에 집착하는 경향이 있다. 특히 종교는 불교와 기독교 신자가 많지만 유교사상에 근거한 가치관, 정체성으로 승화되었다. 그 가치는 윤리와 도덕을 토대로 하여, 학파, 동향, 가족 · 지연 · 혈연을 중심으로 하는 인맥을 중시하며, 프라이드가 높다. 또한 경우에 따라서는 실적달성을 위한 과정이나 계획은 어디까지나 프로세스에 지나지 않으며 그때마다의 분위기에 따라서 자주 변경을 한다.[4)]

(b) 강한 애국심

뉴욕의 타임 스퀘어에 있는 삼성 옥외 광고판을 배경으로 사진을 찍는 관광객은 한국인이다. 또한 베이징의 도시를 달리고 있는 현대

---

4) 2008년 2월 10일 한국의 국보 제1호 숭례문(일명, 남대문)이 방화로 인해 전소되었다. 남대문이 불타고 있는 동영상을 보고 많은 한국인들은 실망감을 감추지 못했다. 그 이유는 한국의 자존심의 상징인 국보 제1호가 없어진 것이고 자신들의 자존심이 무시되었다고 생각하여, 국보 관리 책임자에게 분노를 감추지 않았다.

자동차의 차종인 쏘나타를 보고 기뻐하고 자부심을 가진다. 해외의 한국 기업인은 국가를 위해, 국가의 명예를 위해 일하고 있다고 생각하여 종종 자랑을 하기도 한다.

2) 한국의 기업문화

(1) 유교사상에 잠재되어 있는 기업문화

(a) 유교사상과 기업

유교의 영향으로 인해 기업 내에서 구성원들끼리의 하모니를 중시하고 자기 중심에서 구성원의 질서를 위해 양보와 조화를 강조한다. 또한 경영자에 대한 사원들의 충성심과 직원에 대한 경영자의 자비, 상하 간의 위계질서, 동료와의 신뢰관계를 강조한다. 유교에 근거한 의례교육은 강한 교육열과 함께 한국 노동시장의 고품질화에 기여하고 있다.

(b) 가족 중심의 기업승계

가족 중심 문화의 영향으로 인해 기업경영의 후계자는 전문 경영인보다는 오너의 직계가 경영에 대한 권한과 상속이 두드러져 있다. 오늘날의 일본과 같은 경영과 소유의 분리제도가 그다지 일반화되어 있지 않다. 재벌 대기업 중심의 경제구조가 고착화되어 있으며, 관련 기업이나 계열사끼리에서는 여전히 상호 출자나 상호 보증을 하여 상호 의존적인 경제구조를 가지고 있다.

(c) 권력과 권위주의

계층별 집단적인 특징 때문에 공적공간을 중시한다. 권력과 권위가 집중되어 조직구조는 고도로 제어되어 있으며, 비교적 강한 수직계층 문화의 경향이 있다. 남녀 평등화가 일반화되어 있지만 기업 내에서는 아직도 가부장제가 잔존해 있으며 부하에게 의견이나 자문을 구하는 경향이 별로 없으며, 경영자나 관리자가 일방적인 결정을 내리는 경향이 있다.

(2) 기업문화의 형성요소

(a) 시간이나 일정에 얽매이지 않는 목표관리

업무 자체보다는 접대나 동료들과의 사귐이나 만남을 중시하는 경향이 있다. 업무계획에 근거한 목표관리나 실행을 강력히 요구하지 않으며 기간에 구애받지 않는다. 업무시간에 대한 엄격한 준수를 도모하지 않으며 과거에 집착하면서 미래의 목표와 전망보다 현재의 목표를 중시하는 경향이 있다.

(b) 고용습관

자주 직장을 바꾸는 사람은 신뢰성이 없고 불성실한 사람으로 여긴다. 그러나 최근에는 이직률이 높아지고 있기 때문에 전직도 그렇게 나쁘게 여기지 않고 있다. 오히려 능력이 있기 때문에 헤드헌팅 되는 것으로도 생각하게 되었다.

(c) 노사관계

노사관계는 협조적이 아니라 상호 대립하는 경향이 있다. 노동조합은 '민주노총'과 '한국노총'이라는 상부조직이 있다. 이들 조합은 산하에 산업별 또는 업종별로 지부에 조합원을 두면서 각 지부의 행동방침에 큰 영향을 미치고 있다. 또한 노동조합은 기업경영 방침이나 정부정책에도 큰 영향을 미치며 노동자의 권익옹호에 기여하고 있다. 최근의 노동조합은 '정식사원'과 '임시사원'과의 격차 개선을 큰 과제로 하고 있다.

(d) 빨리 빨리 문화

한국의 IT 관련 기업의 발전은 자국의 '빨리 빨리' 문화와 무관하지 않다. 한국은 세계에서 가장 빠른 초고속 인터넷 인프라를 조속히 갖췄다. 조금이라도 늦으면 참을 수 없는 국민성이 가장 빠른 속도를 실현시켰다. 결정된 업무는 서두는 경향이 많으며, 납기일이 빠듯하면 스스럼없이 철야를 하는 등의 근면적인 기질이 있다. 한편으로는 구체적인 계획을 세우지 않고 대략 진행하는 면도 있다. 한편 일본의 문화는 철저하게 계획된 메뉴얼 중심을 선호하지만 한국은 때때로 메뉴얼보다 요령을 우선시하며 임기응변과 변칙, 대략 수행하는 경향이 많다.

디지털 시대에 요구되는 스피드 경영 시대의 흐름을 타고 급속한 기업 확대화에 성공한 기업으로는 삼성전자를 생각나게 한다. 경우에 따라서는 기업환경을 무시하고 순서대로 진행하지 않는 것이 한국 기업문화의 암시적 규칙이다. 1990년대의 세계적인 불황이 닥쳐 왔을 때 투자를 삼가한 일본 기업과는 달리, 삼성 전자는 반대로 대형투자를 한 것이 오늘날의 삼성이 있게 된 하나의 원인이 되었다. 이를 테면 인터넷의 정비 조차 제대로 안 되었는데 인터넷 방송사업에 많은 벤처 기업이 꺼리낌 없이 투자를 실행하며, 콘텐츠도 갖추어 지지 않았는데 DMB 방송을 흘려 보낸다. 또한 LCD TV 시장이 아직 형성되어 있지도 않은데도 대형 패널 공장을 짓는 것이 한국의 기업이다. 이는 해외투자에도 비슷한 경향이 있다. 인도에서는 도로 내지 항만 등의 인프라가 정비되어 있지 않기 때문에, 일본 기업들은 투자하기에 엄두도 못 내는 상황이었음에도 불구하고 한국의 기업은 도로도 없는 곳에 TV 생산공장을 꺼리낌 없이 건립하는 것이 한국인의 근성이다

(3) 비즈니스 관례

(a) 비즈니스 매너

비즈니스로 만나게 될 때에는 용건을 정중하게 말하며 상대에 대한 예의를 갖추는 것이 매우 중요하다. 인사방법, 기념품, 상대방에 대한 호칭, 협상의식, 식사 및 접대 등에 있어서 업무상의 경우 뿐만 아니라 사석에서도 형식을 중시한다. 커뮤니케이션을 시도하는 방법은 자신의 생각에 상반되는 것이 있으면 직접적으로 표현하는 경향이 있다.

(b) 표현방법

자신의 의견과 의사를 나타내고 싶을 때는 그 자리의 분위기를 고려하여 명확하고 논리적인 표현을 하지 않는 경우가 많다. 따라서 상대의 체면을 존중하다보니 암시적 행동으로 상대방과의 관련성을 소중히 한다.

(c) '나'보다 '우리'

개인보다는 집단을 중시하기 때문에 '나'보다 '우리'라는 표현이 많다. 친분이 있는 개인, 집단에게는 비교적 친절하고 개방적이지만, 이해관계가 충돌하거나 처음 보는 사람에게는 딱딱한 태도를 보이기도 한다. 이것은 집단주의의 경향과 상대와의 관련성을 중시하기 때문

이다. 따라서 비즈니스 협상 테이블에서는 당사자 간의 이해관계와 과제에 대한 집중토론보다 제3자를 중재를 중재로 하는 간접적인 커뮤니케이션을 도모는 경우가 많아서 거절의사 표현도 명확하지 않고, 말씨가 온화하지만 아래 사람에게는 근엄하게 표현하는 경우가 많다.

3. 중국의 기업문화

1) 중국의 사회와 문화

(1) 기본사상

(a) 전통사상

중국의 사고에는 농업생산력의 향상으로 경제발전을 달성한 춘추전국시대에 나타난 사대사상이 큰 영향을 주고 있다. 이 사대사상은 유가, 도가, 법가, 묵가를 들 수 있는데 특히 유가와 도가가 중국의 전통사상으로 뿌리 깊게 이어져 왔다. 특히 유가는 가족주의와 중용주의를 중심으로 도가사상은 개인주의, 소극주의, 그리고 방임주의를 중심으로 전해져 왔다.

(b) 중화사상과 농경사회

중화사상은 중국이 세계문명의 발상지이며, 지리적으로도 세계의 중심이라는 사고에서 시작되어 오늘날에도 지대한 영향을 미치고 있다. 이 사상은 중국내륙을 세계의 중심으로 간주하여 독단적이면서도 독특한 세계관과 내부지향적인 철학적 관념이 자리 잡고 있기 때문인데, 이러한 관념은 중화민족 우월주의로 표출되고 있다. 농경문화를 기반으로 하는 중국은 광활한 자연과 더불어 자연에 순응하면서 독특한 농경사회를 만들어 왔다.

이 사상의 근간이 되는 중국인의 의식은 중국문화보다 한문화가 지니고 있는 포용력이 그 근원으로 되어 있다. 한편 한문화에는 동질적인 요소가 있는 것이 아니라 아랍, 인도, 티벳, 몽골 등의 다양한 민족과 문화가 공존하고 있다. 이 사상이 면모나 체면을 중시하는 경향을 낳았지만 자신의 체면을 지키기 위하여 상대방의 체면도 존중하는 경향을 보이고 있다. 따라서 중국인과의 교제에는 상대방의 체면과 자존심을 거슬리게 하는 행위는 삼가해야 할 것이다.

(2) 중국문화의 형성요소

(a) 개인주의

중국은 외래문화를 그대로 잘 수용하지 못하며, 이는 중화사상에 근거하며 자신들이 세계의 중심이라고 생각하며 자기 중심적인 관념을 가지고 있기 때문이다. 따라서 자신의 기준을 타인에게 요구하는 것에는 익숙하지만 다른 사람의 것을 진지하게 수용하면서 이해하려는 태도가 부족하기 때문에 경우에 따라서는 독단적인 기질을 엿볼 수 있다. 그래서인지 관공서의 민원창구에서도 담당직원이 옆 직원과 잡담을 하거나 그 잡담과 자신의 일이 끝날 때까지 창구에 온 사람을 아무렇지도 않게 기다리게 하기도 한다.

(b) 수직사회

중국의 전통적인 사회에서는 이른바 군신유의, 부자유친, 장유유서 등의 의식이 뚜렷하다. 권위에 대한 복종심과 장유유서 정신은 자신의 몸과 가족을 지키는 수단이 되고 있으며, 이들이 가부장 중심적 질서와 권위에 따른 관습으로 이어졌다고 볼 수 있다. 자선은 아랫사람에 대한 배려이며 상호 협조는 신으로부터 하달받은 것을 실천하는 행위라고 인식하고 있으며, 팁이나 뒷돈을 받으면 독식하지 않으며 동료나 주위의 다른 사람과 나누어 가진다.

(c) 커뮤니케이션 전달방법

중국인의 커뮤니케이션 전달방법은 논의되고 있는 분위기에 크게 의존하는 경향을 보이며 간접적 형식을 통한 협의를 갖고자 한다. 인간관계와 체면을 고려하여 자신의 본심을 잘 말하지 않기 때문에 명확한 의사 전달이 어려울 때가 많다. 이것은 유교문화권에서는 자주 볼 수 있는 현상이지만, 의리와 예의를 중시하기 때문에 '아니오'라는 대답을 직접적으로 말하지 않는다. 의견충돌이 있을 경우에는 제3자를 통하여 갈등을 해소하려는 경향이 있다.

(d) 신분에 대한 차별이 없는 사회

사회주의 제도가 도입되면서 '동지'라는 호칭을 사용하고 있는데, 계급개념을 철폐했기 때문인지 신분에 대한 차별감이 거의 없다. 직무상의 상하관계는 업무수행을 위하여 필요할 뿐이며, 신분차별을 나타내는 것은 아니라고 생각하고 있다. 따라서 사장의 운전기사가 같은 자리에서 종종 식사를 하는 경우가 있으며, 권위적이며 딱딱한 분위기를 보이지 않는다.

(e) 실용주의

종래의 중국사회는 오랜 역사 속에서 경제, 과학, 건축, 기술 등의 발전과 함께 예술성과 실용성을 중시해 왔다. 오늘날에는 이들을 응용한 전통적인 중국도시의 재현이나, 조형, 전원의 건축에 반영하여 실리적이면서도 현실주의적 경향을 보이고 있다. 이러한 실용적인 사고방식이 오늘날의 중국경제의 급속한 발전에 이바지 하였으며, 세계적인 기업가가 태생되어 새로운 중국건설에 크게 기여하고 있다.

(f) 중국사회의 일반적인 사고

중국은 과거가 있어야 현재와 미래가 있다고 하는 사고가 깔려 있다. 즉 과거의 실태를 토대로 현재의 삶을 배우면서 역사적인 교훈과 조상의 가르침을 중시한다. 또한 농경민족에 대한 근성으로 인해 변화나 개혁을 즐겨하지 않으며 평화주의를 선호한다. 일반적으로 "북방지역 사람은 다른 사람에게 도량이 넓고 의리를 중시하며 비밀을 잘 지키고, 남방인은 상술에 뛰어나 있으며 머리가 좋아서 사업적인 수완이 좋다"라는 평판을 자주 들을 수 있다.

중국은 광대한 대륙과 더불어 살아온 어려운 환경과 사회주의 제도하에서 자신의 의견을 차마 말할 수 없었던 환경이어서인지 인내심이 강하다. 한편 문화 대혁명 시절에 다른 사람의 일에 참견하여 피해를 당한 탓인지 자신과 관계없는 일에 대해서는 무관심하며 또 관여하고 싶지도 않는다. 소극적인 기질을 갖고 있지만 자신을 위해서는 열심히 하는 근면성도 있다. 따라서 '대략', '나와는 관계 없다', '어쩔 수 없다', '전면에 나서지 마라'라는 무관심을 나타내는 표현들이 자주 사용된다.

내세(사후세계)는 그다지 중요하지 않고 현세에서 적당히 즐기는 것에 중점을 두고 있다. 따라서 중국에는 휴가라든지 음식문화가 발전되어 있으며 사업성 수완이 좋다.

(3) 사회관습

(a) 인간관계(관계: 쿠안시, 동료라는 의미)를 중시

혈연, 지연과 학연, 친구와 지인 등을 우선순위로 타인과의 관계를 중시하기 때문에 친숙해지면 동료의식을 지녀 확실한 믿음 관계가 생성되어 서로에게 아낌없는 지원을 하게 한다. 같이 모여서 식사를 했을 때 절친한 관계도 아닌데 더치 페이를 제안하면 "상대방과 인간관계를 재검토해야 할 필요가 있다"고 생각하는 경향이 있다. 또한 담배와 술은 공유해야 한다는 의식과 함께 원활한 인간관계를 위해서 필요하다고 생각하는 사람이 많다.

(b) 慢慢地(만만디) 문화

중국의 문화는 소극적이면서도 쉽게 포기하는 경향을 보이지만, 자기 자신을 위해서는 노력하는 근면성이 있다. 중국에는 "서두르면 빨리 죽는다"라는 속담이 있는데, 자신의 페이스에 맞춰 천천히 이행하면서 다음 일을 위해서 서두르지 않는다. 식사시간은 2시간 정도 소요되지만 이 정도 시간은 일반적이며 화장실에 가서 1시간 나타나지 않아도 누구도 개의치 않는다. 음식을 주문한 후에도 '빨리 해 달라'고 절대 재촉하지 않는다. 오히려 '제대로 천천히 잘 만들어 주세요'라고 말을 건넨다. 주문받은 사람도 '만만디'라며 '천천히 드세요'라는 의미로 응답하기도 한다.

2) 중국의 기업문화

(1) 기업문화의 형성요소

(a) 권위와 권력의 집중

중국의 일반사회에서는 권력과 권위가 상부조직에 집중되어 있기 때문에 명령계통을 무시하고 업무를 진행하는 일은 드물다. 한편으로는 신분에 대한 차별의식이 없기 때문에 구성원들의 의견이 그런대로 반영된다. 중국의 기업문화는 가격, 판매 채널 등과 같은 협상에 대한 구체적인 항목보다 포괄적인 원칙에 대한 합의를 중시한다.

리스크가 잠재해 있는 경우에는 업무방침 결정이나 실행에 많은 시간이 소요되며 주저하는 경향이 많다. 상대방을 잘 배려하면서 다른 사람으로 부터 질책받을 것 같은 행동은 가급적 자제한다. 전제적인 상황을 고려하여 불확실하거나 불안한 경우는 애매한 태도로 리스크를 떠 안고 싶어하지 않는다. 자신의 책임 하에 결정해야 할 경우에도 확신이 없는 한 결정을 가급적 보류한다. 또한 오류가 있어도 표면상으로는 사과하지 않지만 속마음은 그렇지 않은 사람이 많다.

(b) 기업 구성원과의 식문화

회식은 구성원들과의 절친한 관계를 나타내는 것이며, 회식의 자리에서 계약의 체결이라든가 중요한 협의나 협상은 피하는 것이 바람직하다. 한편 업무가 끝나자마자 구성원들은 빨리 귀가하고 싶어하며, 퇴근 후 직장동료와는 별로 사귀지 않으며, 일본처럼 일과후 동료들끼리 회식을 통한 의사교환을 잘 하지 않는다. 또한 맞벌이가 일반화되어 있어서 남편이 집안일을 하는 것은 당연하며 결혼한 남자는 빨리 집으로 돌아가고 싶어 하며, 잔업을 꺼리는 경향이 있다. 동료들끼리도 더치 페이 습관이 없고, 일반 사회에서는 연장자가 지불하는 경우가 많으며, 친구들이 모여서 회식을 하는 경우에는 순서대로 지불하거나 금전적으로 여유가 있는 사람이 지불하기도 한다. 또한 회사 동료들과 외식을 하는 경우에는 순서대로 음식비를 지불하는 경향이 있다.

(c) 집단주의

오늘날의 중국에는 개인주의 경향을 보이고 있지만 개인의 생각보다 전체적인 조화를 중시하는 경향도 있다. 집단으로의 귀속성향 및 개인에 대한 안전보장이 동기 부여화되어, 업무보다는 상호간의 관계를 중시한다. 집단의 의시 결정이 개인의 결정보다 우선시 되며 계획수립은 집단 공동의 가치를 중심에 두고 정해진다. 구성원은 집단주의와의 관계를 중시하면서 집단 내의 인간관계, 업무환경 등이 동기부여로 이어지기도 한다.

경쟁을 해야 하는 경우에도 서로 협력적인 경향을 보이며, 삶의 질이라든가 상호간의 관계에 중점을 둔 행동을 하며, 금전적인 성공이 동기부여로 연결되는 경우는 드물다. 그러나 오늘날의 자본주의적 사상의 영향으로 금전적인 측면을 중시하는 경향이 있지만, 오랜 세월 동안 축적되어 온 사회주의적 사고의 영향으로 협력적인 경향이 아직 남아 있다. 또한 비즈니스 상의 계약은 불변하는 것이 아니라 상황에 따라 조정 변동이 가능한 기본적인 가이드 라인에 불과하다.

(2) 상업관례

(a) 면목과 자존심의 존중

자기 중심적인 중화사상은 자신의 체면과 상대의 면모에 대해서 많은 배려를 하고 있다. 따라서 비즈니스 상의 만남에서도 상대방의 체면과 자존심을 구기는 행위는 삼가해야 할 것이다.

(b) 인간관계와 비즈니스

중국인은 인간관계를 중시한다. 인간관계는 비즈니스 상에 필수조건이 될 수 있다. 추천서는 누가 썼는가에 따라 가중치가 달라지며, 저명한 사람이 쓴 추천서는 커다란 힘을 발휘하기도 한다. 아울러 중국과 비즈니스를 할 때에는 인간관계의 구축이 필수적이다. 그러나 친밀한 인간관계를 성립하여 신뢰관계를 구축하는 데에는 상당한 시간이 걸린다. 매우 친한 관계를 나타내는 라오뻔요우(老朋友: 교제한지가 오래되었다는 의미)의 단계가 되면, 인맥구축은 성공했다고 볼 수 있다. 한편 교제가 얼마되지 않은 사람이나 친하지 않은 사람들의 행위는 잘 믿지 않는 경향이 있다.

(c) 다양한 습관

중국인들은 짝수를 좋아하며, 그 중에서도 발음이 부자를 뜻하는 의미인 '發財'와 관련된 숫자 8의 '發字'가 유사하다 하여 '8'을 좋아한다. 기념품이나 선물을 준비할 경우에는 상대방에 따라 다르지만, 시계나 넥타이 등이 일반적이다. 또한 거래처를 방문할 경우에는 시계, 기타 가볍고 실용적인 것이면 무난하다. 그러나 주의해야 할 것은 '사람이 죽는다(送終)'라는 의미를 지닌 발음과 같은 '벽시계'나 욕이나 험담을 연상하게 하는 거북이 모형으로 된 것 등은 적절한 선물이 아니다. 또한 축의금을 내는 경우에는 반드시 빨간 봉투를 사용하며 흰 봉투에 검은 글씨를 사용하는 것은 피하는 것이 좋다.

(d) 신뢰성에 근거한 비즈니스

중국인은 신뢰성을 기반으로 하는 비즈니스 활동을 하고 싶어한다. 먼저 배반하지 않는 것이 중요하며, 먼저 배신한 사람은 반드시 대가를 치르게 하는 경향이 있다. 상담이나 담화를 할 때에는 반드시 시선을 맞추면서 진행할 필요가 있다. 시선을 피하면서 이야기를 하게 되면 이 사람은 언젠가 자신을 배반할 사람이라든가, 뭔가를 숨기고 있다는 것으로 오해 받기 쉽기 때문에 자신감을 가지고 상대방과 시선을 마주하여 상대방을 안심시키는 것이 중요하다. 애매한 표정은 '상대방을 비하한다'고 오해하기 때문에 의미없는 웃음은 피하는 것이 좋으나 분위기에 따라서 재미있을 경우에는 호탈하게 웃을 필요가 있다.

자사와의 거래가 상대방에게 도움이 된다고 생각하게 하려면 자기 쪽의 기본방침이나 업무의 중요성 등에 대해 시간을 두고 정확하게 전달할 필요가 있다. 가령 짧은 시간 내에 실적이나 계약성사를 서두르는 것은 문제점이 있다고 오해를 부르기 쉽기 때문에 서두르지 않는 것이 좋다.

4. 인도와 중동의 기업문화

1) 인도의 기업문화

(1) 인도의 사회와 문화

인도는 25개 주와 7개 연방 직할주로 되어 있으며 인구가 약 11억 명으로 세계에서 두 번째 많은 인구대국이다. 민족적인 구성은 선사

시대부터 유라시아 대륙의 여러 나라와 지역으로 부터 이동하여 왔기 때문에 황인종, 백인종, 오스트라 로이드 등을 중심으로 다양한 민족으로 구성되어 있다. 그렇기 때문에 같은 지역에서도 다양한 인종이 공존하고 있다. 종교인 구성은 힌두교가 80.5%, 이슬람교 13.4%, 기독교 2.3%, 시크교 1.9%, 불교 0.8%, 자이나교가 0.4%를 차지하고 있다.[5] 특히 힌두교와 관련된 카스트 제도는 인도사회에 오늘날에도 여전히 적지 않은 영향을 미치고 있다.

인도에서의 공용어로는 헌법에서는 힌두어로 규정되어 있지만 실제로는 벵골어, 텔루구어, 영어 등이 폭넓게 사용되고 있으며, 기타 헌법에서 공인된 21개 언어가 널리 사용되고 있다. 이리하여 인도에는 다양한 인종과 종교, 언어가 있기 때문에 인도문화를 일률적인 방법으로 이해하기는 쉽지 않다.

인도에는 오늘날에도 720만 명에 달하는 미취학 아동이 있다.[6] 또한 인도는 식민지시대의 영향으로 인해 영국식 교육에 대한 자부심을 가지고 있지만, 문맹률을 보면, 남성이 75.3%, 여성이 53.7%로[7] 남녀격차와 함께 문맹률이 낮은 것이 큰 문제로 되어 있다. 교육기회의 불균형, 인종과 계급에 의한 차별 때문에 빈부격차가 크다. 빈부격차의 상징이라고도 할 수 있는 인도는 가난한 나라가 아니라 가난한 사람들이 많이 사는 나라라고 알려져 있다.

인도 사람은 비교적 서두르지 않는 사람이 많지만 변명을 잘하는 경향이 있다. 대화시에는 상대방에 대한 배려와 칭찬을 아끼지 않는

5) UNESCO, "Education for All(EFA) Global Monitoring Report(교육 기회의 균등화 상황에 대한 글로벌 보고서)", 2008년.
6) 상게서(2006년 조사결과에 의함).
7) 인도의 인구조사(Census, 2001).

다. 타인에게 친절하고, 첫 대면에서도 잘 대화를 나눈다. 인도 사람들은 인사할 때에도 무언가를 기원하듯이 두 손을 모아 머리를 숙이면서 나마스테('당신에게 절을 한다'라는 의미)라고 한다.

인도 사람과의 교제가 시작되면 종종 식사에 초대 받는다. 사람들과 대화를 즐기며, 식전의 대화시간이 길기 때문에 식사시간이 길어진다. 종교 관련 식문화로는 힌두교도는 쇠고기, 이슬람교는 돼지고기를 먹지 않는다. 식후에는 차와 디저트를 먹는 습관이 없다.

(2) 인도의 기업문화

인도는 철광석, 석탄, 다이아몬드와 같은 천연자원이 풍부한 나라이지만, 노동인구의 7할 가까이가 농업에 종사하고 있으며, 농림업 분야가 GDP 점유율에 가장 많은 영향을 미치고 있다. 주요 수출품목으로는 화학소재 제품, 의약품, 의류, 석유 제품 등이며, 주요 수입품은 원유, 금, 전기·전자 제품, 기계 등이 있다.

인도의 통화는 인도 루피(Indian Rupee: INR)이다. 인교(印僑)는 화교, 유대인, 아르메니아인과 함께 세계 4대 이민 그룹에 들어 가며, 아프리카를 중심으로 하는 인교의 활약이 두드러지고 있다.

인도는 급속한 경제성장의 상징이라고 할 수 있는 일부 귀족(부유층)이 있지만, 이와 달리 빈곤층도 아닌 중산계층의 출현으로 경제 소비력이 더 한층 강화되고 있다. 예를 들면 650루피(약 1,300 엔, 한국화폐 150만원)에 달하는 와이셔츠를 즐겨 입는 중간 소비자 계층을 쉽게 찾아 볼 수 있다. 또한 물질적으로 풍부해진 중산층이 서구식 와인을 즐겨 찾는다. 아울러 종래의 여성들은 한정된 장소에서만 술을 마실 수 있었지만, 오늘날에는 일반 가게에서도 여성 손님을 쉽게 찾아 볼 수 있다. 이러한 배경에는 급격한 인도경제의 성장과 함께 현대적인 감각을 즐길 수 있는 중산층의 출현과 무관하지 않으며, 중산층을 위한 비즈니스 기회가 점차 늘어 가고 있다.

기업이 인도에서 성공하려면 '서두르지 않고, 기대하지 않고 포기하지 않는 것'이다. 언어로 표현하는 희망사항과 현실을 애매모호하게 하는 경우가 많기 때문에 분쟁을 방지하기 위해서는 사전에 문서로 남기는 것이 중요하다. 또한 계약서에 있는 기본 내용만 확인할 것이 아니라 계약서에 부수적으로 달려 있는 주의사항에도 꼼꼼히 체크해 볼 필요가 있다. 또한 장기간에 걸쳐서 협력적 관계를 유지하고 있으며 거래 실적이 많이 있었다고 해도 거래조건이 조금이라도 바뀌면 결제를 지연 또는 거래정지를 하는 경우가 적지 않다.

인도에 진출하는 기업은 특히 중앙정부와 지방정부의 법률적 해석 차이에 주의해야 할 필요가 있다. 중앙정부로부터 허가를 받았다고 해도 지방정부가 거절하면 허가나 행정적 절차 수순에 지장을 초래하는 경우가 드물지 않다.

왼손은 부정함이나 불결함의 의미가 담겨 있으므로 식사를 할 때뿐만 아니라 비즈니스 상 물건을 건네줄 때에도 반드시 오른손으로 건네줘야 한다. 또 업무와 관련된 상담이 끝났다고는 해도 실제 주문과 결제에 이르기까지는 상당한 시간과 인내심, 꾸준한 노력이 필요하다.

인도 사람과 만나서 비즈니스를 행하는 경우는 커뮤니케이션에 유념해야 한다. 특히 의사표현이 매우 애매한 경우가 많다. 인도 사람들은 거의가 영어를 잘 하지만, 체스처와 같은 것은 우리들과 많이 다른 경우도 있다. 예를 들면 머리를 천천히 한 번 흔드는 경우에는 긍정적인 의미이지만 빨리 흔드는 것은 부정을 의미한다. 또한 상대방을 배려하는 의미에서 매너 상 'No'를 직접적으로 표현하는 것을 자제하는 경향이 있다. 예를 들면 그들이 말하는 'No problem'은 전혀 문제가 없다는 의미가 아니라 '알겠다, 대략 이해했다'는 의미에 지나지 않는다.

2) 중동의 기업문화

(1) 중동(이슬람)의 문화와 사회

(a) 인간관계를 중시

중동의 문화는 혈연과 함께 지연을 중시하는 경향이 있다. 가족 구성원은 자신의 조카와 사촌을 포함한 대가족으로 되어 있다. 중동 사람들은 프라이버시를 매우 중시하면서 손위 사람을 존중한다. 이러한 존중 행동양식은 직계 가족관계 뿐만 아니라 이웃에 사는 타인들이라도 연장자라면 존중하는 의미에서 예의를 표시한다. 친구들과의 관계는 형제처럼 사귀고, 친구들의 어려움을 아낌없이 돌보아 주기를 즐겨한다.

이슬람 문화에서는 이러한 혈연관계를 중심으로 자기들 인종과 유사한 문화적 관계를 이유로 아랍민족에 대한 충성심이 강하다. 특히 종교적 충실함으로 인해 무슬림 형제와 이슬람 공동체를 위해서라면 희생을 감수하기도 한다.

(b) 규정된 식문화 중시

이슬람 문화권에서는 돼지고기, 개고기, 비늘없는 물고기 등을 전혀 먹지 않는다. 그 이유는 이들이 변질과 부정, 불결함을 연상시키기 때문이다. 또한 동물의 피가 완전히 분리되지 않은 고기를 먹지 않는 것도 같은 이유에서다. 이슬람 문화는 이슬람 교리에 의해 음식을 먹을 때에는 신에게 감사 드리고 신에게 맹세한다.

오늘날의 시내 거주자는 숟가락을 사용하는 경향이 있지만, 전통적인 이슬람 사회에서는 오른손은 청결하다는 의미를 부여하고 있다. 따라서 오른손의 역할은 코란을 읽거나, 음식, 악수 등에 사용한다. 왼손은 부정이나 불결함의 상징이므로 타인에게 물건을 전달할 때 조차도 가능한 한 왼손을 사용하지 않는다. 식사는 성인남성이 먼저 시작하며, 여성과 아이들은 나중에 하며. 그리고 가정부는 맨 마지막에 먹는 관습이 있다.

(c) 대접

중동 사람들은 교제를 소중히 한다. 대접을 함으로서 타인으로부터 존경을 받고 상호 의무사항을 준수하게 된다. 가족을 매우 중시하지만 비즈니스 건으로 가족의 여성과 상담하는 것은 있을 수 없으며 또한 손님에게는 극진히 대접하는 것이 미덕이라고 생각한다. 한편 손님이 자신의 초대에 응하지 않으면 치욕이라고 생각한다. 그것은 역사적으로 봐서 사막과 같은 곳에서 사람의 왕래가 적은 환경에서 생활해 왔기 때문일 것이다. 사람들과의 만남은 늘 기쁘고 종교적인 가르침에 따라 대접은 공덕을 쌓는 행위라고 생각한다.

(d) 종교의식을 중시

이슬람 문화에서는 메카를 향해 하루에 다섯 번 예배하고 매일 옷을 갈아 입고 예배할 때마다 손발을 깨끗이 씻으며 양치질을 한다. 금요일 예배는 집단적으로 진행되며, 성인남성은 종교적 의식과 의무를 다해야 한다. 그리고 코란을 볼 때에도 몸을 깨끗이 한 후에 읽는다. 또한 코란 위에 다른 책이나 물건을 두지 않는다. 이슬람 문화에서는 음주, 도박, 우상숭배 등을 금지하고 있다.

(e) 중동형 만만디

아랍어에는 "브클라 인 샤 알라(Bukra In Sha Allah)"라는 말이 있다. 이 말은 "내일 일은 신의 의지에 달려 있다"라는 뜻으로 이런 언어 뒤에는 아랍형의 만만디가 잠재해 있다. 내일이 되어도 할 수 없는 것은 신의 뜻이기 때문에 사람들이 서둘러도 어쩔 수 없다는 의미로 이해되고 있다. 또한 시간에 구애받지 않는 이유는 전통적인 목축문화가 하나의 요인이다. 지금 할 수 있는 일인데도 뒷전으로 미루는 경향이 있고, 처해진 일과 다음 일을 위해서 결코 서두르지 않는다.

(2) 중동의 기업문화

(a) 시간관념

기업이 중동에 진출하게 되면 현지직원에게 적절한 휴식시간을 할애하여 예배를 드릴 수 있도록 배려하면 신뢰성과 형제애를 증진시키게 되며 기업발전에도 도움이 될 것이다. 예배시간을 소중히 하는 문화이기 때문에 이런 시간을 무시하고 서구적인 시간대로 일정을 계획하여 비즈니스를 진행시키는 것은 상당한 무리가 있다. 또한 비즈니스와 관련된 일인데도 불구하고 특별한 이유없이 상담시간을 연장할 때가 많으며, 서두르면 협상이 잘 되지 않을 경우가 많다. 업무상 빨리 만나야 할 경우에도 기도시간을 피해서 약속시간을 결정하는 것이 바람직하다. 또한 집단 예배일인 금요일에는 비즈니스 상 중요한 상담이나 약속은 피하는 것이 좋다.

(b) 전통과 인간적인 비즈니스 관습

중동 사람들은 진보와 변화보다는 전통과 관습에 따른 과거를 더 중시한다. 중동 사람들은 일반적으로 현대적인 경영 노하우에 구애받지 않고 비즈니스는 서서히 진행해도 무방하다고 생각하는 경향이 있다.

또한 이들은 계층, 인종, 종파에 따라 다르지만, 가치와 행동 패턴은 가족을 중심으로 이루어지며 전통에 대한 공부, 종교나 도덕적인 가르침도 가족을 중심으로 배운다. 가족은 구성원으로서의 결집력이 되며 가족 구성원에 속하는 개인은 가족 개개인의 행동, 성공과 실패에 대해서 자신의 일처럼 대응한다. 이러한 집단적 환경 속에서 중동 사람들은 형제애로 표현할 수 있는 인간관계를 형성하며, 이러한 인간관계를 기본으로 하는 상거래가 이루어진다.

사원의 채용은 개인의 능력이나 장점, 비즈니스와 관련된 업무수행 능력보다는 종교적인 충성심으로 형성되어 있는 개성, 성격, 인간관계 등을 더 중시한다. 채용 우선순위는 직계가족, 친척, 중동의 이슬람 공동체, 중동 국가의 무슬림 친구, 비 중동권 이슬람의 순서로 실행되는 경향이 있다. 이러한 우선순위는 거래관계에서도 마찬가지이며, 이슬람 종교와 동족에 대한 충성심을 베이스로 하여 혈연과 종교집단과 관련된 기업들과 상호간의 충성도를 높인다.

(c) 기업 간의 경쟁방지

중동 국가들의 기업들은 중동 사람끼리의 고객에 대해서는 서로 경쟁을 삼가한다. 이것은 코란에 있는 "무슬림 간의 불필요한 경쟁을 금지한다'"라고 하는 것에 따른다. 그러나 가격표가 붙어 있지 않은 상품에는 구매자와 판매자 사이에게 가격협상을 하는 풍경을 자주 볼 수 있다.

5. 구미와 브라질의 기업문화

1) 미국의 기업문화

(1) 미국의 사회와 문화

(a) 보이지 않는 차별사회

미국인의 성격은 개방적이고 밝지만 앵글로 색슨(Anglo-Saxon)은 잠재적으로 우월하다고 인식하고 있는 경향이 있으며, 유색인종에 대한 차별의식이 뿌리 깊게 남아 있다. 미국내의 유색인종은 백인과 비교하면 교육수준이 낮아서 직업기술의 향상에 한계가 있으며, 취업의 기회 마저 빼앗기며 빈곤의 대물림 현상이 있다. 실제로 슬램(Slum) 거리에 살고 있는 흑인이 그 전형이다. 이처럼 극단적인 격차 현상은 청교도의 영향으로 인해 자원봉사 정신이 익숙해져 있는 미국사회이지만, 자본주의 국가의 전형적인 모순으로 나타나고 있다.

(b) 미스 커뮤니케이션의 해소

미국인과의 만남에서 상대방의 나이, 결혼관계, 소득, 주소 등의 개인적인 이야기는 삼가해야 한다. 그러나 사적인 자리에서는 상대방이 무엇에 관심을 가지고 있는지를 사전에 체크해두면 원활한 커뮤니케이션을 위하여 도움이 될 것이다.

미국 사회에서는 'Thank you', 'Excuse me' 라는 표현을 아끼지 않는다. 마음에서 우러나는 감사하는 마음의 표현과 오류행위에 대한 배려 요구뿐만 아니라 일상생활 속에 들어있는 상투적인 말인 경우도 적지 않다. 이러한 표현들은 일본인 이상으로 흔히 사용한다. 또한 대화를 할 때 내려다 보면서 몸을 위 아래로 흔들면 우리에게는 겸손을 나타내는 의미이지만, 미국에서는 잘못을 인정하는 표현이 된다.

흑인을 가리키는 때 단순히 검다는 의미를 지닌 'Negro'라고 표현을 하면 차별어로 오해할 소지가 많으므로, 'African-American'이라고 부르는게 무난하다. 남자가 여자와 악수할 때에는 여성으로부터 먼저 악수요청이 있을 때에만 해야 하며 남자가 먼저 청하면 실례가 된다. 또한 공공 교통기관을 이용하거나 주차장에서 장애인 구역에 정상인이 이용하면 법률상 제재를 받을 수도 있다.

(2) 미국의 기업문화

(a) 비즈니스 습관

미국은 기계문명의 실용주의가 보편화되어 있어서 형식이나 학력, 과거 등에 치중하지 않고 지금 현재에 가능한 실제적인 실력에 가치를 둔다. 미국에서의 평상시의 만남에서는 편안한 차림으로도 전혀 문제가 없지만 비즈니스 상 만남에서는 정장으로 임해야 한다. 독창적이며 유니크한 사고를 높이 사며 단도직입적인 논리전개에 중요성을 부여하며, 기업의 위치나 가치보다 개인의 능력과 가치에 더 많은 중요성을 둔다. 이처럼 독창성과 개인적인 능력에 근거한 가치를 존중하며 권위와 지위에 구애받지 않고 구성원들과는 서로가 대등한 입장에서 의견을 나눈다. 개인의 성과와 결과를 중시하고 현재 지향성이면서,[8)] 단시간에 최대의 이익을 추구하기 위해서라면 리스크를 감

8) 미국사회에서의 이력서와 자기 소개 글 등을 보면 일목요연하다. 일본에서는 과거의 이력부터 현재에 이르기까지를 순서대로 기입하는데, 즉 과거의 경력을 중시하는 경향이 있다. 그러나 미국의 이력서를 보면, 일본과 같이 정해진 형식은 없지만, 현재의 소속이나 지금 하고 있는 일을 먼저 쓰며 과거보다 현재,

수하면서 추진하려는 경향이 있다.

사업과 관련한 접대라도 부부를 중심으로 하는 페밀리 레벨에서 교제를 하는 경우가 많다. 토론을 할 때에는 상대방과 시선을 마주하면서 자신감 있게 임한다. 첫 대면인 경우에도 자신이 속한 기업에 대한 소개 보다는 자신의 직책과 업무를 강조하는 등, 자기 자신의 능력을 중심으로 하여 소개한다. 단도직입적, 실행, 독자성을 추구하는 비즈니스 관습으로 인해 협의가 끝나면 협의 내용이나 업무의 기본방향 등 확실한 대답을 듣고 싶어하며 향후 방침에 대한 확인을 요구한다.

약속시간이나 협의와 관련된 계획은 일정대로 엄수되며 단시간에 모든 정보를 얻고 싶어 한다. 회의할 때에는 구성원 누구나가 자유롭게 질문이나 자신의 의견을 허심탄회하게 말하고 독특한 견해를 밝히고 싶어한다. 과정이나 배경설명을 즐겨하지 않으며 가급적 빨리 요점을 말하고 빠른 판단을 추구하면서 조속한 행동계획에 따라 실행에 옮기려는 경향이 있다.

기업과 구성원은 금전적인 관계뿐만 아니라 더 높은 수익을 추구하기 위하여 전직이나 헤드헌팅은 일상적인 것으로 받아들이고 있다. 맡겨진 업무범위는 엄격하게 정해져 있으며 자신의 업무범위를 제외하고는 거의 하지 않으며 또 다른 사람이 자신의 일을 대신 해주는 것도 바라지 않는다. 아울러 사적 문제와 회사문제를 명확하게 구분하여 행동하는 경향이 있다.

(b) 기업문화의 특징

- 진보적이면서 도전적인 의욕으로 주어진 프로젝트나 업무의

혹은 지금부터 뭘 할 수 있는지에 대한 평가를 중시한다.

목표달성에 임한다.

- 비즈니스 상 미팅이 있으면 그 자리에서 계약 체결이나 협상 결과를 돌출하고자 한다
- 좋은 아이템이나 아이디어가 있으면 곧바로 실행한다.
- 기발한 아이디어라든가 개발은 개인적인 수준에서 효율성을 추구한다.
- 문제가 발생한 경우에는 솔직한 보고와 신속한 해결책을 강구한다.
- 기업의 경영방침은 여론에 민감한 반응을 보인다.
- 업무상으로도 철저하게 주고받는(Give and Take) 정신을 중시하고 있다.
- 비즈니스의 프로세스와 의사 표명은 명확하게 한다.

(c) 미국식 경제 시스템에 대한 재검토

일반적으로 글로벌 스탠더드 경영이란 정부의 개입을 자제하며, 시장원리에 따라 경제활동을 촉진하는 신고전주의 경영사상이다. 즉 이것은 미국과 같은 선진국 기업이 고객과 시장주도의 경제체제로의 전환을 촉진하기 위한 것이다. 한편 개발도상국의 보호 육성해야만 하는 유치산업 어려움을 무시하고 미국식 기업문화를 중심으로 하는 시장경제 시스템을 추진하는 것이 글로벌 스탠더드인가 하는 많은 의문이 남는다. 참고로 이하에서는 미국식 경제 시스템의 장점을 세 가지로 분류하여 소개하기로 한다.

- **경영실태의 투명성**

미국의 경제사회에서는 투자금액이 소액인 일반 투자자가 많다. 그런데 이 투자자들은 투자 전문가가 아니기 때문에 투자대상으

로 하고자 하는 기업의 경영상태를 이해하기 어려우면 해당 기업에 대한 경영상태의 불안감으로 투자를 꺼려하게 할 것이다. 따라서 일반 투자자의 원활한 투자가 이루어지도록 하려면 기업의 경영실태를 알기 쉽게 투명하게 할 필요가 있다. 즉 일반 투자자도 투자대상 기업의 경영에 대한 '알 권리'를 얻게 되면 자금을 필요로 하는 기업에게는 투자유입이 쉬워질 것이다. 또한 경영실태의 투명화에는 기업경영의 감시와 견제의 기능이 작동하고 기업의 합리화를 도모할 수 있다. 결국 경영실태의 투명화는 투자 활성화에 빠뜨릴 수 없는 것이다.

- **직접 금융시장**

투자자의 자금이 주식시장을 통해 필요로 하는 기업에 직접적으로 조달되면 성장 가능성이 높은 상장기업의 경우 주가 상승으로 이어져 기업의 자금조달이 용이하게 된다. 환언하면 경영상태가 좋은 기업이라고 해도, 금융기관의 차입에 주로 의존하는 간접 금융시스템은 자금조달이 어려운 경우가 많다. 경영상태가 좋은 기업은 직접 금융시스템 하에서 자금조달이 쉬워지므로 직접 금융시장의 구축이 바람직하다.

- **시장의 유연성**

노동시장과 고용시장의 유연성, 연봉제 등의 보편화는 자금과 인력을 신속하고 적절한 배분으로 이어져 시장의 급변화에 유연하게 대응할 수 있다. 이러한 경제구조에서는 현재의 경영상태가 좋으면 노동력의 유입이나 자본의 조달이 용이하게 된다. 따라서 경제 시스템에서 시장의 유연성은 중요하다고 본다.

그러나 미국형 경제 시스템을 기반으로 하는 시장경제 구조가 반드시 이상적이라고는 할 수 없고, 각국의 기업환경과 기업문화를 배려한 시스템 구축이 바람직하다. 따라서 미국식 경제 시스템이 글로벌 스탠더드라고는 할 수 없다.

2) 영국 기업문화

(1) 영국 사회와 문화

영국사회에서는 영어, 언어 자체에 대한 프라이드, 미국문화보다 좋고 세계 제일이라는 문화 우월감을 갖고 있으며 아직도 신분의식이 강하다. 예를 들면 유색인종이 귀족계층의 사교 클럽과 골프 클럽에 가입하려면 보이지 않는 어려움이 많다. 한편으로는 페어 플레이(Fair Play) 정신이 보편화되어 있어서 특권계급이라고 해서 우대하는 사회는 아니다.

영국에서는 사회인으로서의 당연하다고 여기는 표준 스펙을 요구하는 경향이 있다. 공립학교에서는 표준인간을 목표로, 학력보다는 실력을 우선으로 하며, 학생의 차이는 있지만 학교의 차이는 없다는 사고가 팽배하다. 즉 학력은 중요하지만, 어떤 학교를 졸업했는지는 그다지 중시하지 않는다.

이러한 표준인간화의 일환으로 비록 혹독한 훈련이라고 하여도 정당하게 이루어지고 있다면 누구나 참고 견뎌야 한다는 인내심을 요구한다. 그것은 인내성 향상은 사회활동에 빠뜨릴 수 없다고 생각하는 보수적인 사고에서 태생되고 있다고 볼 수 있다. 이러한 영향으로 인해 그들은 친구들과의 만남에도 약속한 시간보다 30 분 이상 지나도 반드시 온다고 믿고 묵묵히 기다린다. 사람을 믿는 것은 정직하다는 의미로 인식하고, 사기는 최악의 죄라고 인식하는 경향이 있다.

영국에서의 금전적 실태를 보면, 비자금은 절대로 불필요하며 투명한 금전거래를 희망하는 것이 일반화되어 있다. 따라서 경찰과 정치가들이 뒷돈 문제로 인해 사회문제가 되는 경우는 드물다.

(2) 영국 기업문화

비즈니스는 실리적이며 현실적인 면을 추구하여 비즈니스 상의 인종차별은 거의 없으며 단지 계약의 성립에 최선을 다하는 것이 영국 사회의 비즈니스 문화이다. 국가의 정책이나 회사의 방침에 대한 논쟁을 좋아하면서도 현실적인 대화를 좋아한다. 비즈니스를 위하여는 구두로 협의한 내용도 반드시 문서로 확인한다. 상대방의 호칭에는 상대방이 이름에 직함을 붙여 부르는 것이 예의이며 이름만 부르는 것은 무례한 행위로 간주된다.

일찌기 영국은 많은 국가와 지역을 식민지 지배한 역사적 경험이 있기 때문인지, 다른 사람을 잘 활용하여 자신의 과업을 달성하는 데 뛰어나다. 한편 상도덕은 주고 받는 것(Give and Take)이 철칙으로 되어 있어서 받은 은혜는 반드시 보답하고자 한다. 또한 페어 플레이가 일반화되어 있으며 신의를 중시하고 상대방이 룰을 위반하지 않는 한 지속적인 거래를 희망한다.

3) 독일의 기업문화

(1) 독일의 사회와 문화

독일사회에서는 어릴 적부터 절약과 절제 등 검소한 생활방식을 철저히 가르친다. 따라서 독일에서는 사회인이 되어도 근면, 검소, 성실을 미덕으로 삼으며 물건을 취급할 때에도 소중하게 다룬다. 서독이 동독을 흡수 통일한 후에 동독의 인프라 구축을 위하여 일시적으로 세금이 무거워져서 풍부한 생활은 할 수 없었지만, 그들은 여행이나 여가를 즐기기 위하여 다방면에서 절약하는 지혜를 가지고 있다.

독일인은 표정이 딱딱하기 때문에 불친절하며 화기애애함이 없어 보인다. 공공장소에서는 늘 진지하며 농담을 잘 하지 않는다. 또한 공공장소에서는 예의 바른 행동이나 의식을 원하지만 사생활에서는 순수한 우정을 좋아한다. 독일 사회는 자신의 것을 제외하고는 관심이 없기 때문에 친한 친구가 되려면 상당한 시간이 걸린다. 이러한 포용력 부족은 다른 민족이나 인종에 대한 배타적 사고로 인한 것이라고 할 수 있겠다.

주위의 사람들과의 사귐은 단순히 친밀한 관계 유지 보다는 사회질서와 사회적인 예의준수를 더 중요시한다. 아울러 강한 공동체 의식이 있어서 공동생활에 대한 엄격한 규칙이 있으며 그 규칙은 반드시 지켜야 하는 것으로 되어 있다. 따라서 공중질서와 도덕이 잘 지켜지며 행동기준이나 규칙을 위반하는 자에게는 가차없는 질책이 따르며, 자신도 절대로 타인에게 폐를 끼치지 않으려고 한다. 예를 들면 저녁 늦은 시간에는 이웃에게 미치는 소음공해의 우려로 절대로 세탁기를 돌리지 않는다. 또한 지정된 곳 외에 주차하면 곧바로 불만을 토로한다. 그러나 요즈음 세대에는 자유로운 교육 시스템 도입으로 이전 세대보다는 자유분망함과 개성을 강조하는 경향이 있다.

독일인은 리스크와 비논리적 사고, 불확실하며 애매한 것을 싫어하며. 예측할 수 없는 미래는 불안하기 때문에 완벽한 시스템 하에 행동하는 것이 당연하다고 생각한다. 예를 들면 복권이나 경품 등의 불확실한 요행심에는 별로 관심을 보이지 않으므로 경품이나 세일 등을 강조하는 광고를 보기 힘들다.

(2) 독일의 기업문화

독일의 기업문화는 시간에 대해서는 상당히 엄격하다. 업무중의 농담은 상상할 수 없으며 자신에게 맡겨진 업무는 빈틈없이 처리하고, 업무가 끝나면 상사의 분위기는 아랑곳 없이 귀가한다. 업무가 시작되고 정장 윗도리를 벗고 간편한 차림으로 일을 하면 업무시간이 아닌 쉬는 시간, 경우에 따라서는 놀고 있다고 오해받을 우려가 있다.

독일의 기업문화는 합리적이면서도 이성석인 설차에 따라 진행된다. 업무에 관한 토론의 결과나 합리적인 안건이 적절한 시기라고 생각되었을 경우에는 반드시 제때에 실행에 옮긴다. 구성원의 교양평가는 논쟁과 화제의 다양성에서 시작된다. 이러한 경향 때문에 비즈니스 상에서도 경제나 정치 문제를 잘 추리 분석을 하는 독창적인 논평이 있으면 상대방에게 경의를 나타낸다. 그리고 거듭되는 파티 참석이나 장기간의 거래실적 등을 통해 친숙해진다. 그러나 그들은 항상 업무를 사적인 일보다 우선이고 지인이나 혈연이 비즈니스 관계에 유리하게 작용하는 경우는 거의 없다.

독일인은 권위있는 사람을 존중하고 그 권위에 따른 조직과 규칙을 절대로 지킨다. 상사는 부하에게 명료한 업무방침을 전달하며 부하는 상사를 존중하고 따르는 경향이 있다. 따라서 비즈니스 상담시에는 권위있는 사람과 진행하는 것이 더 효율적일 것이다. 상하 질서에 따른 공동체 의식이 강하고 조직을 소중히 여기지만, 한편으로는 헤드헌팅이 일반화되어 있다.

기업은 경쟁사의 모방을 좋아하지 않고 개발능력을 중시한다.[9] 독일 기업의 구성원들은 자기들의 직책에 대해서는 자신들 만의 자존심을 가지고 있다. 장인정신이 강하고 기계의 작동은 빈틈없이 세밀하게 움직이게 되어 있다. 중소업체에 일하는 사람들도 기술전수와 경영계승을 가업의 자랑으로 생각하고 있다. 생산이나 작업의 속도는 느리지만, 차근히 하여 오차나 누락이 없게 신중하게 진행한다. 청결을 선호하기 때문에 공장이나 현장은 늘 깨끗하게 유지 관리되고 있다.

또한 독일에는 기술발전을 목표로 하는 지역별 기술 센터가 있다. 해당 지역에 따라 기업, 대학, 연구기관이 공동으로 운영하는 기술연구 개발 센터가 있다. 기업과 지방정부는 시장의 니즈에 맞게 품질, 디자인 등이 계속적으로 발전할 수 있도록 이러한 센터를 지원 운영하고 있다.

독일의 기업문화에서는 문제가 발생하면 서면에 의한 해결방법을 찾는다. 예를 들면 기업 구성원이게 뭔가 문제가 있다면 3번 이상 전자 메일이나 팩스, 혹은 편지를 보낸다. 그래도 개선되지 않으면 법적 조치에 나선다. 상사는 부하직원에게 중대한 문제가 발생하면 가급적 구두로 않고 문서로 통지한다. 구성원에게 3번 정도 문서를 보내도 개선되지 않을 경우 3~6 개월 분의 급료를 지불하고 고용계약을 취소한다. 즉 전자 메일이나 편지 같은 문서는 나중에 법적 증거 서류가 되기 때문일 것이다.

---

9) 독일의 기업 경영문화는 개발 비용이 비싸도 경쟁력이 강화되면 코스트를 별로 문제시 않는다. 예를 들면, 세계적인 전기·전자 관련 기업인 지멘스는 매출의 13%를 개발비로 돌리고 있다. 이에 대해서 배당금을 많이 받기를 좋아하는 주주들 조차도 경영진에 이의를 제기하지 않는다. 이런 의미에서 미국의 기업은 마케팅 중심, 독일 기업은 기술 중심의 경영이 각각의 특징이라고 할 수 있겠다.

4) 러시아의 기업문화

(1) 러시아의 사회와 문화

러시아 사람들은 감정표현이 풍부하지만 상부에 권력이나 권위가 집중되어 있으며, 사회적 지위에 민감하게 반응한다. 윗 사람이 독자적으로 의사결정을 내리지만 아랫 사람은 윗 사람의 명령에 잘 따른다. 또한 의사결정은 개인보다는 집단의 결정이 우선되며 집단에 대한 충성심이 개인의 성공을 좌우한다. 이러한 집단적인 사회적 관계를 중시하는 소속 활동에 소극적인 태도를 보이면 소외되는 경향이 있다. 인종차별은 거의 없지만 남존여비 사상과 연장자를 우대하는 경향이 여전히 남아 있다.

오늘날에는 개인수준에서의 경쟁의식이 높아지고 있지만 여전히 집단의 유지를 위한 인내, 순종, 예의가 미덕이라고 여기고 있다. 이러한 집단 경향의 배경에는 러시아 정교회에 의한 가르침이 주요 요인으로 보인다. 러시아 정교회에서는 여자가 바지를 입는 것을 금지하고 있지만 종교적인 논의나 비판은 가급적 피해야 한다.

러시아인은 문화적 우월감에서 자국의 문화와 예술에 대해서 칭찬받기를 좋아한다. 한편으로는 사회주의 체제 속에서의 빈곤한 경제생활의 이야기는 자존심을 상하게 할 우려가 있다. 한편 생활수준이 높은 사람과 동등하게 잘 살아 보려면 자신의 업적개선에 의한 생활향상보다는 생활수준이 높은 상대방의 수준이 내려오는 것을 기대하는 경향이 있다. 때로는 자신의 자존심 때문에 자신이 상대방보다 먼저 묻거나 자문을 구하는 것을 꺼려 하며 애교가 없어 보인다. 리스크를 두려워 하며 정치, 사회, 문화, 경제 등의 변화를 별로 좋아하지 않는다.

장래를 위한 더 좋은 주택이나 생활조건을 갈구하기 보다는 현재 처해진 자유시간과 여가활동이 가능한 조건을 요망한다. 가족, 친구, 동료와의 모임을 좋아하고 상대방의 가정을 자주 방문하여 인간적인 유대관계를 유지하고자 한다. 러시아에서는 '100루블 보다 100명의 친구가 좋다'는 속담이 있는데 많은 친구가 있다는 것이 자기의 재산이라고 생각하기 때문일 것이다. 원만한 인간관계를 위해서 술은 즐겁게 지낼 수 있는 수단이 되며, 음주를 통해서 허심탄회한 이야기를 하면서 절친하게 지낼 수 있는 것으로 본다. 따라서 파티 중간에 돌아 가면 실례가 된다.

(2) 러시아의 기업문화

위에서도 언급했듯이 러시아 문화는 사회적 의무보다 가족과 친척, 친구들과 관계나 의무를 중시하므로 서열을 파악하는 데 신경 쓸 필요가 있다. 특히 커다란 안건이나 비즈니즈는 상사와 함께 진행하는 것이 상책이다. 비즈니스 상담은 반드시 사전약속을 필요로 하며, 사전에 약속한 멤베 이외의 사람이 방문하면 오해의 소지가 있다. 만약 방문 멤버가 바뀔 경우에는 사전양해나 별도의 약속을 한 다음에 만나는 것이 바람직하다. 협의할 내용은 간단 명료하게 전하며 많은 안건을 한꺼번에 거론하는 것은 삼가해야 할 필요가 있다. 거래 담당자의 개인적인 문제나 상세한 질문을 하지 않는 것이 바람직하다.

계약서, 납기, 주어진 기간 내의 작업의 내용은 상대방과의 유대관계 유지를 위하여, 바뀔 수 있는 것으로 간주하고 있다. 이것은 합리적인 사고에 따른 것이 아니며, 인정상 바뀌는 경우가 많다. 관료사회이므로 목표를 결정하면 상대의 체면을 존중해 줘야 할 필요가 있다. 계약이 성립하기까지는 상당한 시간이 걸리기 때문에 인내심을 가지고 상담에 임해야 한다. 그러나 일단 계약한 내용에 대해서는 특별한 사항이 없는 한 준수하려고 한다.

비즈니스 협의시에도 일단 상담이 시작되면 잘 멈추지 않으며, 별로 내용이 없는 것인데도 열심히 말한다. 만약 상대방의 상담내용이 별로 필요 없는 것이라면 일단 상대방의 이야기를 멈추게 하고 이쪽의 입장을 설명할 필요가 있다. 그렇지 않으면 이쪽이 상대방 자신의 의견을 승인했다고 오해할 소지가 많다. 판매자 입장에서는 상식을 초월한 높은 가격을 제시하는 경향이 있으며, 구입시에는 매우 저렴하게 사고 싶어 한다. 따라서 견적서를 제시하는 경우에는 가격절충이 충분히 가능할 정도로 높게 책정할 필요가 있다. 또한 비즈니스에서의 소중한 상담은 이유없이 지연시키는 경향이 많다.

5) 브라질의 기업문화

(1) 브라질의 사회와 문화

브라질은 인구가 약 1억 9천만 명이지만, 국토는 세계에서 다섯 번째로 크며 천연자원이 풍부한 나라이다. 공용어는 식민지 시대의 영향으로 인해, 포르투갈어이며, 인종별 구성비율은 백인(55%), 혼혈(38%), 흑인(6%), 인디오(1%) 순으로 되어 있는 다민족 국가이다. 종교는 로마 가톨릭 신자가 73%를 차지하고 있지만, 아프리카의 의식이 융합된 브라질 독특한 종교행사를 종종 볼 수 있다. 초등학교와 중학교의 교육(7~14세)은 의무로 되어서 오늘날의 아동 세대의 문맹률은 높지만, 기성세대는 여전히 문맹률이 낮다. 한편 카니발과 축구를 잘 즐기는 브라질 독특한 축제문화가 있다.

브라질의 GDP는 1조 8천억 달러를 넘어 세계 제8위의 경제대국이 되었다. 농업과 공업이 브라질 경제를 견인하고 있으며, 1인당 국민소득은 약 6천 달러에 이르고 있다(2007년 기준). 주요 수출품은 커피콩, 두유, 코코아, 설탕, 농축 오렌지 주스, 철, 기계 장비 및 부품, 금속제품, 화학제품 등이다.

국민성은 매우 낙천적이고 현재의 즐거움을 중시한다. 감정표현이 풍부하며 남녀가 만남이 끝나고 돌아갈 때에는 주저없이 악수를 나눈다. 남자들은 농담을 잘 하지만 인종차별적인 내용은 삼가해야 한다. 도덕성이나 준법정신이 다소 결여되어 있지만 소비성향이 높고 금전적인 여유가 생기면 즉시 쇼핑을 즐기며 저축을 좋아하지 않는다.

(2) 브라질 기업문화

브라질에서의 비즈니스 상담은 이쪽으로부터의 어프로치가 없는 한 상대방이 먼저 제안하는 경우는 드물다. 이외로 업무시간은 엄격하게 지키며 비즈니스 협의를 위한 약속은 늦어도 2주 전에 컨텍이 필요하며, 갑자기 방문하는 것은 오해의 여지가 있다. 인맥을 통한 장기적인 거래관계를 희망하며, 카니발 축제 때에는 비즈니스 상 왕래를 삼가하는 것이 무난하다. 일단 비즈니스 상담이 시작되면 고객을 집에 자주 초대하는 경향이 있다. 그리고 초대되면 다음날 감사의 의미를 담은 카드와 꽃을 잘 보낸다.

일반적으로 브라질 이외의 남미 국가에서는 보라색이 '죽음'을 의미하지만, 브라질에서는 빨간 보라색이 '죽음'의 상징이라고 생각하므로 이런 색으로 된 포장이나 선물은 삼가해야 할 것이다. 브라질인은 아이들의 성장한 모습에 자부심을 가지고 있기 때문에 비즈니스와 관련된 일에서도 상대방의 아이에게 관심을 보이면 더욱 쉽게 친분해질 수 있다.

Review & Discussion Questions

제4장에서 다룬 바람직한 이문화 경영(또는 다문화 경영)을 바탕으로 각국의 기업문화의 특징을 고려하면서 다음 사항을 재고해 보자.

- 어떠한 가치관과 규범이 다른 나라에서 비즈니스를 할 때에는 코스트가 된다.
- 국제 비즈니스를 수행시 다른 나라의 문화가 왜 코스트에 영향을 주는 것일까?
- 당신은 이슬람 국가에서의 비즈니스 수행이 일본에서의 사업수행 방법과는 다르다고 생각하는가? 그렇게 생각한다면 어떻게 해야 하는가?
- 종교와 윤리체계가 가장 우선되는 국가와 그렇지 않은 국가에서의 국제 비즈니스 방법의 차이는 무엇인가?

- 문화적으로 다른 2개국을 선택한 후, 이들 국가들의 문화를 비교하여 문화적 차이가 기업경영에 어떠한 영향을 미치고 있는지에 대해서 서술해 보시오(각국의 비즈니스 실행에 따른 코스트, 그 나라의 장래에 기대되는 경제발전 등).
- 일본 문화의 특징은 무엇인가? 자기의 의견을 논해 보시오.
- 외국의 기업문화에 비해 일본의 기업문화의 특징은 무엇인지 논해 보시오.
- 일본 기업의 문화적 특징에 근거하여, 독특한 점은 무엇인가에 대해서 논하시오.
- 한국의 기업문화의 특징은 무엇인가? 자기의 의견을 논해 보시오.

- 중국 문화의 특징을 언급한 후, 중국 기업과의 거래시 특히 고려해야 할 점은 무엇인가?
- 종교, 가치관, 도덕 등은 기업행동에 큰 영향을 미치고 있다. 기업문화의 특징 비즈니스 습관 등을 중심으로, 중동(이슬람)지역의 기업문화적 특징에 대해서 구체적인 예를 들면서 설명해 보시오.
- 방글라데시(또는 아랍 에미리트)에서 이슬람 자본주의 국가의 초점을 재고해 본 후, 다음의 질문에 대답해 보시오.
  (1) 당신이 국제 비즈니스를 할 경우, 이슬람사회에 익숙해져 있지 않은 비즈니스 가치관에 대해서 어떤 것을 생각할 수 있는지에 대해서 서술해 보시오.
  (2) 방글라데시의 치타곤이나 아랍 에미리트의 두바이 지역의 경제발전 경험을 바탕으로 이슬람 사회와 비즈니스와의 관련성이 우리에게 시사하는 바는 무엇인가?
  (3) 경제가 글로벌화하는 가운데 방글라데시(또는 아랍 에미리트) 시장에 걸맞는 비즈니스 진입(참가)에 이슬람 가치의 의미는 무엇인가?
- 맥도날드와 힌두교 문화의 경우를 재고한 후, 다음의 질문에 답해 보시오.
  (1) 맥도날드는, 인도에는 다른 나라와 다른 식사문화가 있음에도 불구하고, 상당히 성공하고 있다. 그 이유는 무엇인지 서술해 보이오.
  (2) 쇠고기를 사용하는 재료가 많은 맥도날드가 인도에서 이행한 기업행동은 무엇이었는지 사례를 들어 설명하시오(예를 들면, 햄버거).
- 당신이 이해한 미국의 기업문화에 대해서 비즈니스 파트너로서 요구되고 있는 점은 무엇인가?

- 문화는 기업행동에 적지 않은 영향을 주고 있다. 이러한 문화의 영향을 토대로 다음의 국가들과 일본의 기업문화와 상이한 점(주로 비즈니스 관례)을 찾아서 구체적인 예를 들어 설명해 보시오.
  1. 영국의 기업문화
  2. 독일의 기업문화
  3. 러시아의 기업문화
  4. 브라질의 기업문화
  5. 당신이 경험하거나 잘 알고 있는 국가의 기업문화
  6. 기타, 당신이 잘 알고 있는 다국적기업을 사례로 설명해 보시오.
- 주식회사 산리오는 일본의 문화를 살린 캐릭터 비즈니스에 매우 성공했다고 할 수 있다. 특히, 산리오사가 도입한 해외전략 중에서 국제 비즈니스에 성공한 요인을 찾아 국가나 지역에 적합한 표준화 선략 및 적응와 전략(이문화 대응)을 실시한 사례를 들어서 설명해 보시오.
  1. 중국의 경우 :
  2. 중동의 경우 :
  3. 유럽의 경우 :
  4. 미국의 경우 :

주요 인용 및 참고문헌

1) 安室憲, 『多国籍企業文化』, 文眞堂, 1994年.
2) 池田理知子・E. M. Kramer, 『異文化커뮤니케이션入門』, 有斐閣, 2002年.
3) 岩城剛・島村巖・水野晃 編, 『貿易과 海外投資 分析과 実務』, 文眞堂, 1994年.
4) 岩城剛, 「工業化戦略과 経済発展」, 『商学研究』, 45巻 第1・2号, 愛知学院大学商学会, 2004年, pp.197-207.
5) 内田幸一・堀出一郎 編, 『国際 마케팅』, 中央経済社, 1995年.
6) 梅沢正, 『組織文化, 経営文化, 企業文化』, 同文館, 2003年.
7) 江夏健一・米澤聡士, 『워크 북 国際비즈니스』, 文眞堂, 2004年.
8) 江夏健一・首藤信彦 編, 『多国企業論』, 八千代出版, 1995年.
9) 太田正孝, 「国際 비즈니스와 文化」, 江夏健一, 『多国籍企業論』, 八千代出版, 1997年, pp.83-96.
10) 岸本重陳, 『国際経済』, 一橋出版, 1995年.
11) 経営能力開発센터, 『経営学の基本』, 中央経済社, 2005年.
12) 経済産業省 HP.
13) 財務省 HP.
14) 城座良之・清水敏行・片山立志 共著, 『글로벌마케팅』, 税理経理協会, 2003年.
15) 竹田志郎・島田克美, 『国際経営論』, 미네바 書房, 1992年.
16) 根本孝, 『国際経営과 企業文化』, 学文社, 1994年.
17) 변명식, 『글로벌 시대의 기업문화와 해외투자전략』, 학문사, 1999年.
18) 이신모, 『글로벌 스탠더드 문화경영』, 두양사, 2007年.
19) 李大義, 「글로벌 스탠더드 비즈니스 戦略」, 梶浦雅己 編, 『처음 배우는 사람을 위한 글로벌 비즈니스』, 文眞堂, 2006年, pp.97-128.

20) 李大義, 「日・韓・中의 文化와 企業文化 理解」, 長谷川・清水真・松井温文 編, 『流通・마케팅—하나의 계기로서』, 一灯館, 2008年, pp. 141 −162.
21) 李大義, 「업무와 만남」, 梅田勝利・讃井真理・松井温文 編, 『生活과 経営』, 一灯館, 2008年, pp.147−167.
22) 李大義, 「글로벌 市場戦略의 選択」, 伊部泰弘・清水真・長谷川博・宮重徹也 編, 『流通・마케팅・経営』, 一灯館, 2008年, pp.32−42.
23) 이한검・노남섭, 『世界化時代의 企業文化』, 螢雪出版社, 1996年.
24) Ferraro, G. P., The Cultural Dimension of International Business, Prentice Hall, Inc., 1990 (江夏健一・大田正孝 訳, 『異文化 메니져먼트』, 同文館, 2002年).
25) Hofstede, G. H., Culture Dimensions McGraw−Hill Book, 1991 (岩井紀子・岩井八郎 訳, 『다름을 배워서 공존하는 길을 찾는다』, 有斐閣, 1995年).
26) Adler, N. J., International Dimensions of Organizational Behavior, 1991.
27) Burkley, P. J. and M. Casson, *The Future of the Multinational Enterprise*, London and Basingstoke : Macmillan Press, 1976.
28) Cateora, P. R. and J. L. Graham, *International Marketing*, 10th ed. McGraw−Hill, 1999.
29) Caves, R. E., International Corporation, The Industrial Economics of Foreign Investment, *Economica,* Vol.38, Feb. 1971, pp.1−27.
30) Clee, C. H. and Di Scipio, Creating a World Enterprise, *Harvard Business Review*, Nov.−Dec. 1959, pp.85−88.
31) Cox, T. H. and S. Blake, Managing Cultural Diversity, Academy of Management Executive, 1991.
32) Doole, I. and R. Lowe, *International Marketing Strategy*, International Thomson Business Publishing, 1999.
33) Dunning, J.H., The eclectic Paradigm of International Production : A restatement and Some Possible Extensions, *Journal of International Business Studies*, 1988.

34) Fayerweather, J., Host National Attitudes toward Multinational Corporations, 1982.

35) Harzing, A. and J. Ruysseveldt, *International Human Resource Management*, Great Britain, The Cromwell Press, 1998.

36) Herrick, B. H. and C. P. Kindleberger, *Economic Development*, McGraw-Hill 1983.

37) Hewitt, T. and D. Wield, Technology and Industrialization, The Open University, *Industrialization and Development*, Oxford University press, 1992.

38) Hill, Charles W. L., International Business, McGraw-Hill, 7th ed, 2009.

39) Hofstede, G., Culture's Consequences : International Differences on Work-related Values, Sage Publications, Inc., Beverly Hills, CA, 1980.

40) Hofstede, G., *Cultures and Organizations Software of the Mind*, McGraw Hill, 1991

41) Hymer S. H., The International Operation of National Firms, *A study of Direct Foreign Investment*, doctoral dissertation, MIT Press, 1960.

42) Ietto-Gillies, G., *International Production : Trends, Theories, Effects*, Polity Press, 1992.

43) Kindleberger, C. P., American Business Abroad : *Six Lectures on Direct Investment*, Yale University Press, 1969.

44) Kircher, D. P., Now the Transnational Enterprise, *Harvard Business Review*, Mar.-Apr. 1964, pp.6-11.

45) Kluckhohn F. R. and F. L. Strodtbeck, *Variations in Value Orientations*, Greenwood Press, 1961.

46) Lilienthal, D. E., Management of Multinational Corporation, in Anshen, M. H., and Bach, G, L.,(eds), *Management and Corporation*, New York, McGraw-Hill, 1960.

47) Moran, T. H., FDI and Technology-Licensing Requirements, *Foreign Direct Investment and Development*, Institute for International Economics, 1998.

48) OECD, International Migration Outlook : SOPEMI, 2009.

49) Philip R. Cateora, and John L. Graham, *International Marketing, 10th ed.* McGrew-Hill, 1999.

50) Robinsons, S. P. and M. Coulter, Management, 8th ed, Pearson Education, 2005.

51) Rostow, W. W., *The Stages of Economic Growth*, Cambridge University Press, 1971.

52) Rugman, A. M., New Theory of Multinational Enterprise, Internationalization versus Internalization, *Columbia Journal of World Business*, Spring, 1980.

53) Trompenaars, F., Riding the Wave of Culture, Nicholas Brealy, 1993.

54) United Nations, *Multinational Corporations in World Development*, United Nations, New York, 1985.

55) United Nations, *World Development Report 1999 : Foreign Direct Investment and Challenge of Development*, New York and Geneva, 1999.

56) Vernon R., International Investment and International Trade in the Product Cycle, *Investment Trade*, Quarterly Journal of Economics, May 1966.

57) Vogel, E. F., *The Four Little Dragons : The Spread of Industrialization in East Asia*, Harvard University Press, 1991.

58) Warren J. Keegan, *Global Marketing Management*, Prentice-Hall, Inc. 1999.

59) Westney, D.E., The International Transfer of Organizational Technologies, *International Trade Journal*, Fall, 1989.

60) Wit, B. and R Meyer, *Strategy : Process, Content, Context*, International Thomson Business Press, 1998.

국문 색인 (Index)

영문 색인 (Index)

A

B

C

D

E

F

S

T

W

약 력

저자 冨田 大義(토미타 다이기) 소개

1959년 출생

〈주요 경력〉
- 렘넌트 가쿠인 교수, 난잔 대학 및 아이치가쿠인 대학 시간 강사
- AIUB 객원 교수
- 일본무역학회 이사, 동아시아기업경영학회 이사
- 이문화경영학회, 항만경제학회, 국제비즈니스학회, 한국무역학회, 일본기업경영학회 회원
- NPO법인 스바랑카 협회 이사
- 첨성 시스템 고문

〈주요 저서〉
- '처음 배우는 사람들을 위한 글로벌 비즈니스'(분담 집필) 文眞堂 2006년.
- '유통과 마케팅-하나의 계기로서'(분담 집필), 一灯館, 2008년.
- '삶과 경영'(분담 집필) 一灯館, 2008년.
- '유통 · 마케팅 · 경영'(분담 집필) 一灯館, 2008년.
- '현대 사회와 경영(개정판)'(분담 집필) 니시다 출판, 2011.
- '경영학의 기본'(분담 집필) 니시다 출판, 2012.

역자 박 동 렬(朴東烈) 소개

1954년 출생
학 력 :
서강대학교 사회과학대학 외교학과(외교학 학사)
서강대학교 대학원 무역학과(상학 석사)
세종대학교 대학원 무역학과(경제학 박사)

〈주요 연구 경력〉
미국 하와이 대학교 부설 Pacific-Asian Mgt. Ins. 수료
미국 뉴욕주립대학교 객원교수,
일본외무성 특수법인 간사이국제센타 초청연구자,
일본 후쿠오카대학 상학부 객원교수

〈주요 경력〉
울산대학교 경영대학장 겸 기업경영연구소장,
울산상공회의소 전자상거래 추진위원,
울산시 중소기업사업 사전조정협의회 위원장 위원,
울산지역환경기술개발센터 컨설턴트(환경홈닥터),
한국중소기업학회 이사, 한국문화산업학회 이사 외 다수

〈주요 논문〉
- 일본의 외래문화 유입요인으로 분석한 한류산업의 형성과 발전 연구. 문화산업연구, 13(2), 1~10

- 韓國の蔚山地域と日本の九州地域との環境技術交流の活性化, 기업경영연구(JAEA), 14(1), 51~64 (2011)
- 蔚山(ウルサン)クラスターと豊田クラスターとの比較分析による韓國中小企業の活性化, 日本貿易學會年譜(JAFTAB), 第47號(1권), 202~213 (2010)
- 한-일간 캐릭터산업의 비즈니스 모델에 관한 비교연구. 무역학회지, 39(4), 27~57 (2014)

〈주요 저서〉
개방거시경제학 입문(단독, 울산대 출판부),
최신무역학개론(공저, 제7판, 삼영사),
우리나라 외환시장 추이와 문제점(단독, 울산대학교 출판부),
중산층 실태분석 및 육성방안(공저, 울산대 출판부)

〈주요 용역〉
- 저소득층과 중산층의 실태에 대한 비교 분석 및 중산층 육성방안. 한국개발연구원
- 울산지역환경보전협의회 운영을 위한 회원사 운영비 분담기준 산정에 관한 연구
- 울산지역과 일본 큐슈지방 환경기술교류 활성화 방안 수립- 온실가스 저감기술을 중심으로 -. 환경부

현 울산대학교 경영대학 교수

국제경영과 다문화 기업

2016년 5월 2일 1판 1쇄 인쇄
2016년 5월 10일 1판 1쇄 발행

저 자 冨田 大義 (토미타 다이기)
역 자 박 동 렬
발행인 김 광 식
조 판 아 람 기 획

04162
발행처 서울특별시 마포구 대흥로2길 5, 202호
도서출판 탑 북 스
등 록 2009.12.21 제 2013-000101 호
전 화 02)365-2223 팩스 02)365-2224

정가 18,000 원
ISBN 979-11-87343-00-4-93320